EIN APFEL FÜR DEN LEHRER

Wertschätzung – die übersehene Dimension der Schule

Originalausgabe „Et æble til læreren" by Jesper Juul, Schönberg 1993,
übersetzt aus dem Dänischen von Jean Paul-Munsch und Irene Maurer-Willi

Weitere Informationen zu Jesper Juul
und familylab unter:
www.familylab.ch
www.familylab.com
www.jesperjuul.com
www.dfti.dk

Verlag: Family Managment GmbH
Lindenhofrain 6, 8708 Männedorf
Dieses Buch wurde auf FSC-Papier gedruckt.

Publikation in Vereinbarung mit Familylab International GmbH, Baar, Schweiz
Umschlagmotiv: istockphoto
Design: www.marketier.com
Textlayout: Hubertus J. Schwarz
Druck und Bindung: Druckerei Ennetsee, Hünenberg, Schweiz

ISBN: 978-3-9523873-1-3

EIN APFEL FÜR DEN LEHRER

Wertschätzung – die übersehene Dimension der Schule

Inhalt

6 *Vorwort der deutschen Erstausgabe*

9 *Vorwort der dänischen Originalausgabe*

17 *Einleitung*

24 *1 Wertgrundlage*

36 *2 Lehrpersonen*

45 *3 Zusammenarbeit zwischen Lehrpersonen*

48 *4 Schule und Familie*

65 *5 Zusammenarbeit zwischen Lehrpersonen und Eltern*

76 *6 Zusammenarbeit zwischen Lehrpersonen und Schülern*

90 *7 Leitung der Schule*

101 *8 Schulverwaltung*

106 *9 Schule als professioneller Arbeitsplatz*

114 *Anhang*

117 *„Le paradis n'existe pas" – Ein Interview mit Jesper Juul*

Vorwort zur deutschen Erstausgabe

Jesper Juuls Buch „Ein Apfel für den Lehrer, Wertschätzung – die übersehene Dimension der Schule“ (Originaltitel: „Et æble til læreren. Folkeskolens oversete dimension“) liegt nun endlich auf Deutsch vor. Dies ist deswegen bemerkenswert, weil es das letzte Buch von Jesper Juul war, das noch der Übersetzung ins Deutsche harrte. Als wir Jesper Juul im Frühjahr 2011 anfragten, ob wir den „Apfel“, wie wir das Buch bereits liebevoll nannten, übersetzen dürften, war er etwas erstaunt: Er hatte es vor 20 Jahre geschrieben und konnte sich nicht vorstellen, dass der Inhalt noch etwas zur gegenwärtigen Schulentwicklung beitrage. Doch zum einen hat Jesper Juul nach einer langen Pause wieder begonnen, selbst mit Schulen zu arbeiten. Zum andern ist die Zeit für das Kernthema des Buches Wertschätzung in der Schule, im deutschsprachigen Raum, erst heute reif. Dies hat mit der unterschiedlichen Entwicklung der Schule im deutschsprachigen und skandinavischen Raum zu tun. In vielem sind bzw. waren uns unsere nordischen Nachbarn voraus.

Der dänische Titel heisst übersetzt „Ein Apfel für den Lehrer“ und verweist auf eine ältere Tradition: Kinder bringen ihrer Lehrerin oder ihrem Lehrer als Zeichen der Wertschätzung einen Apfel in die Schule mit. Im deutschsprachigen Raum ist dieser Ausdruck der Wertschätzung

nicht bekannt. Wertschätzung aufbauen und zum Ausdruck bringen: Das ist Jesper Juuls Thema. Wertschätzung gebührt Lehrpersonen in gleichem Masse wie Schülerinnen und Schülern, Eltern sowie allen an der Schule beteiligten Personen; Wertschätzung sich selbst gegenüber und untereinander, für sich und untereinander.
In den allgemeinen Reaktionen zum Beruf „Lehrer" ist hierzulande ein Pendeln zwischen pathetischer Hochachtung und abschätzigem Mitleid charakteristisch. So wie das eine schmeichelnd am Geschehen vorbeizieht, ist das andere unbrauchbar. Wertschätzung im Sinne von Jesper Juul kann die Schule nur dann erzeugen und vermehren, wenn sie sich gezielt darum bemüht.

Wie auch der Band „Vom Gehorsam zur Verantwortung", den Jesper Juul zusammen mit Helle Jensen verfasst hat, ist der vorliegende Band inhaltlich ganz der Schule gewidmet. Es ist zwar mittlerweile einige Literatur über wertschätzenden und empathischen Umgang im Schulzimmer verfügbar. Juul untersucht jedoch die verschiedenen Beziehungen im schulischen Kontext mit aufklärerischer Klarheit und macht gleichzeitig anhand praktischer Beispiele den Unterschied zwischen alten Interaktionsmustern und beziehungskompetenter Kommunikation deutlich. Das Buch ist als Begleiter für dialogische Lernprozesse und als Unterstützung auf dem Weg zu einer wertschätzenden Schulkultur gedacht. Es soll auch als Modell für aktuelle Schulentwicklungen dienen und dürfte in dieser Funktion im deutschsprachigen Bildungsraum einmalig sein. Schulentwicklung vollzieht sich im gelebten Dialog.

Eine Bemerkung zum Gebrauch des Wortes Lehrer: Im Dänischen wird mit lærer sowohl Lehrerinnen und Lehrer bezeichnet. Wir haben uns im Deutschen für die Variante Lehrperson (im Gegensatz zum üblicheren Begriff

Lehrkräfte) entschieden: Einerseits wollen wir damit den Deutschschweizer Sprachgebrauch aufnehmen; andererseits wollen wir den immer wichtiger werdenden persönlichen Charakter des Lehrberufs betonen.

In Zeiten, in denen Lehrerinnen und Lehrer zu Lernbegleitern und Lerncoaches werden und unsere Kultur nicht mehr über das Eintrichtern von Stoff, sondern über den Erwerb von Kompetenzen vermittelt wird, gewinnt die Authentizität und Persönlichkeit der Lehrperson eine ganz neue Bedeutung. Die Vermittlung von Kultur soll durch Menschen geschehen, die erlebbar, die ansprechbar sind, und die leidenschaftlich-engagiert und in einer persönlichen Sprache unterrichten.

Wir bedanken uns bei folgenden Personen, die zum Gelingen des Buches beigetragen haben: Caroline Märki, Philipp und Nicolas Maurer, Birgit Munsch-Klein, Lotte Prassé, Katrine Prassé Frausig und Hubertus Schwarz.

Wir wünschen dem Buch viele Leserinnen und Leser, die sich selber und andere wertschätzend und mit Leidenschaft, in der Schule und ausserhalb, entwickeln wollen.

Zürich, Mai 2012
Irene Maurer Willi & Jean-Paul Munsch

Vorwort der dänischen Originalausgabe

Dieses Buch handelt sowohl direkt als auch indirekt von Kindern und ihren Erfahrungen in Zusammenhang mit ihrer Schulzeit. Wie umfassende englische Forschungen aufzeigen, haben diese Erfahrungen – auf Gedeih und Verderb – unbestrittene Auswirkungen auf die Schüler und hängen mit den Prozessen und den daraus resultierenden Ergebnissen zusammen, welchen Kinder und Teenager in der Schule ausgesetzt sind. Das Buch richtet den Fokus auf diese recht vernachlässigten Prozesse. Es wird deshalb viel über die Prozessdimension, prozessorientierte Leitung sowie über interpersonale, soziale und professionelle Prozesse gesprochen.

Das Buch spricht damit etwas Essentielles an, das auch von der neueren pädagogischen Forschung bestätigt wird. Unter anderen haben der englische Psychologe Michael Rutter[1] und seine Mitarbeiter in ihrer umfassenden, mehrjährigen Untersuchung 15000 Hours die Bedeutung dieses Buchthemas beschrieben. Die Untersuchung befasst sich mit Oberstufenschülern im Alter zwischen 11 und 19 Jahren in England. Rutter und seine Mitarbeiter haben Unterschiede zwischen verschiedenen Schulen aufgezeigt

---

1 Michael Rutter et al.: Fifteen Thousand Hours: Secondary Schools and Their Effects on Children. London 1979 (Dt.: Fünfzehntausend Stunden: Schulen und ihre Wirkung auf Kinder. Weinheim 1980).

und danach den Einfluss dieser Unterschiede auf das Verhalten der Schüler und auf ihre schulischen Leistungen untersucht. Die Studie wurde an zwölf Schulen im Zentrum von London durchgeführt.
Über 200 Lehrpersonen und nahezu 3000 Schüler wurden insgesamt während mehreren Jahren begleitet und 4-5 Jahre nach Schulabschluss befragt. Anhand der grossen Datenmenge, welche durch Fragebogen, Interviews und Beobachtungen in den Klassen gesammelt wurde, gelangten die Forscher zur Schlussfolgerung, dass die Schule grossen Einfluss auf die Persönlichkeitsentwicklung der Schüler hat:

- *Die zwölf miteinander verglichenen Schulen unterscheiden sich in Bezug auf das Verhalten der Schüler und ihrer fachlichen Leistungen stark voneinander. Dies wurde aufgrund der Beobachtungen an der Schule, der Anzahl der Schulausfälle, der Informationen der Lehrpersonen und der Schülerinnen und Schüler, der Prüfungsresultate und der Delinquenzrate während und nach Abschluss der Schulzeit festgestellt.*

- *Prüfungsleistungen der Schülerinnen und Schüler und ihr späteres Verhalten zeigten, dass die jungen Erwachsenen das Leben unterschiedlich bewältigten und zwar abhängig von der jeweils besuchten Schule.*

- *Es konnte nachgewiesen werden, dass ein Zusammenhang zwischen Schülerverhalten, Prüfungsleistungen und Delinquenzrate besteht.*

- *Weiter wurde festgestellt, dass die Unterschiede nicht von der Grösse der Schule, dem baulichen Alter oder den Platzverhältnissen abhingen, sondern allein davon, wie stark die jeweilige Lehrperson die Fachkompetenz, die Anwendung von Lob, die guten Lernbedingungen für die Schüler im Allgemeinen und die Übernahme von Mitverantwortung durch die Schüler in den Vordergrund stellte.*

- *Folgende Faktoren hatten einen ausgeprägten Einfluss auf das Wohlbefinden der Schüler: Die gute Vorbereitung der Lehrperson, ihr pünktliches Erscheinen im Klassenzimmer und ihre schnellen Feedbacks auf die Schüleraufgaben.*

- *Aber: Die Hauptursache für die unterschiedlichen schulischen Entwicklungen der Schülerinnen und Schüler an den verschiedenen Schulen hing damit zusammen, dass jede einzelne Schule ihren eigenen Ethos, d.h. ihren Satz von herrschenden Werten, Haltungen und Normen, welche charakteristisch für die Schule als Ganzes war, entwickelte.*

Das gesamte Muster dieser Ergebnisse deutet darauf hin, dass zwischen der Gesamtfunktion der Schule und der Bilanz des Schülers mit grosser Wahrscheinlichkeit ein Kausalzusammenhang besteht: Weil das Verhalten des Schülers und seine Haltung aufgrund seiner schulischen Erfahrungen im Allgemeinen und der Qualität der Schule als sozialer Institution im Besonderen erzeugt wird. Die Bedeutung der Schule als gut funktionierendes Ganzes kann auch daran erkannt werden, dass bessere Prüfungsresultate und tiefere Delinquenzraten an denjenigen Schulen vorgefunden wurden, an denen die Disziplin als Basis für generelle Erwartungen von der Schule ganzheitlich festgelegt, und nicht von einzelnen Lehrpersonen in Form individueller Regeln aufgestellt wurde.
Die umfassende Untersuchung zeigt auch als Ganzes, dass es von grosser Bedeutung für die Schüler ist, dass sich

die Lehrpersonen darüber einig sind, auf welcher Werte-, Haltungs- und Normengrundlage die einzelne Schule funktioniert. In jedem Fall entwickelt eine Schule einen bestimmten Ethos – auch ohne die Wertgrundlage zu erörtern. Die Pointe der Untersuchung besteht darin, dass sie die Bedeutung für den bewussten und systematischen Versuch für den Aufbau eines Wertesets zeigt, welche die Schule aufzubauen wünscht, um im Alltag davon zu zehren. Oder mit anderen Worten: Eine Schule kann wählen, ob sie sich von ausserhalb kommenden Direktiven, Bestimmungen und Regeln steuern lassen will – oder ob sie stattdessen die Werte und Normen zulassen will, über welche mehr oder weniger grosse Einigkeit besteht und welche effektiv von der einzelnen Lehrperson und von der Schule gesteuert werden, damit sich Lehrpersonen und Schüler täglich darin bewegen.

Der Vorschlag in diesem Buch, zur Entwicklung der prozessualen Dimension in der Schule, ist verbunden mit Hinweisen zur Art und Weise, wie diese bewusste Entwicklung durchgeführt werden kann. Dabei werden drei Bereiche von zentraler Bedeutung genannt:

1. *Kollegiale Entwicklungsgruppen, in denen 6-8 Teilnehmende das Jahr hindurch in selbstgesteuerten Basigruppen ohne die Teilnahme der Schulleitung ca. ein Mal pro Monat zusammenkommen.*

2. *Leitungs- und Zusammenarbeitstraining, bei welchem die Leitungs- und Zusammenarbeitsprozesse der Schule besprochen werden, und dies mindestens ein Mal jährlich an einem 2-tägigen Treffen.*

3. *Interne Trainings und Weiterbildungen mit dem Ziel, sinnvolle Elternabende, Klassenstunden, Elterngespräche und kollegiale Gruppentreffen abzuhalten.*

Unser Vorschlag im Buch will sich allgemein bekannten Tendenzen entgegenstellen. Tendenzen etwa, dass Lehrpersonen Probleme verdrängen und – statt zu versuchen, selber damit klar zu kommen – oft die Verantwortung für die Entwicklung der Schule und der Schüler von sich weisen und die ganze Schuld für die miserablen Verhältnisse an die Schüler übertragen. Unser Hauptanliegen liegt darin, die Kultur, den „Geist“, das Klima oder den Ethos der einzelnen Schule zu ändern, damit der Bedarf an Psychologen, Therapeuten und anderen Fachleuten verringert wird. Anders und mit den Worten und Begriffen des Buches gesagt: Die heutige Schule ist geprägt von Pluralismus, Werteverwirrungen und Kulturrelativismen, welche einen Bedarf aufzeigen, die Lebensqualität der Angestellten und Schüler zu verbessern. Eine norwegische Untersuchung, durchgeführt von der Psychologin Siri Næss[2], zeigt, dass Menschen mehr Lebensqualität erleben, je höher die folgenden vier Faktoren gegeben sind:

1. *Aktivität*
2. *Gute interpersonale Verhältnisse*
3. *Selbstwertgefühl*
4. *Reiche und intensive Erlebnisse von Schönheit, aufgrund der Einsicht in oder aus dem Zusammengehörigkeitsgefühl mit der Natur, der Offenheit und der Empfänglichkeit der Aussenwelt gegenüber.*

Mindestens die ersten drei dieser vier Bereiche können als Themen aufgefasst werden, mit denen sich die prozessuale Dimension beschäftigen muss. Es scheint gute Gründe zu geben, insbesondere dem dritten Punkt grosse Aufmerksamkeit zu schenken: Denn es ist wohl der Bereich, in wel-

---

2 Siri Næss: Yrkeskvinne-husmor? Gifte kvinners livskvalitet. Oslo 1986, 2. Ausgabe 1994.

chem die sehr traditionelle Schule nach wie vor Schäden verursacht – auch im 25. Jahr nach der Abschaffung der physischen Bestrafung in der Schule.
Dies kann unter anderem mit Hilfe von Resultaten einer neuen Untersuchung[3] des DIKE (Dänisches Institut für klinische Epidemologie) dokumentiert werden. Die Untersuchung wurde im Jahre 1991 herausgegeben und hiess Die Gesundheit der Kinder beim Schulstart 1988/89. Auch wenn sie sich in erster Linie mit der somatischen Gesundheit befasste, so wurde in einem Kapitel (Kap. 7) die Frage an die Eltern und die Lehrpersonen zu den starken Seiten der Kinder aufgegriffen. Die Frage gab Anlass zu Verwunderung und Überraschung, weil die Befragten erwartet hatten, dass die Einschulungsuntersuchung sich mit der „Fehlerfindung" und nicht mit den Ressourcen und starken Seiten der Kinder beschäftigen würde. So erstaunt es nicht, dass ca. 20% der Eltern nicht im Stande waren, Angaben zu den Stärken ihrer 6-7 jährigen Kinder zu machen, während sogar 39% der Lehrpersonen keine Ressourcen angeben konnten. Und ebenfalls verständlich ist, dass 26% der Knaben und 28,1 % der Mädchen keine passende Antwort auf die Frage: „Was kannst du gut?" fanden. Es mag nachdenklich stimmen, dass 40-50% der Knaben infolge der schulischen Beurteilung nicht gut funktionieren. Auf der anderen Seite ist es ermutigend, dass diese Resultate das Leben der Knaben nicht zu beeinflussen scheinen, da sich 90% von ihnen – gemäss den Eltern und den Kindern selbst – in der Schule gut entwickeln.
Vieles deutet darauf hin, dass die Schule und das Schulpersonal ein schweres Erbe an den noch vorherrschenden elterlichen Vorstellungen über Kinder und die kindliche Entwicklung, der „Fehlerfindung", dem negativen

---

3 Bodil Bjerrings et al.: Hvad gør livet værd at leve? Vejle 1991.

Menschenbild und den traditionellen Wertevorstellungen tragen.
Dies geht aus einer immer noch unveröffentlichten Untersuchung hervor, in welcher ehemalige Schüler (jetzige Besucher der Volkshochschule) gebeten wurden, die schlimmsten Episoden in Zusammenhang mit ihrer Schulzeit niederzuschreiben. Zudem wurden sie gebeten, einen Fragebogen zu Demütigungen und Kränkungen, welcher sie in der Schulzeit ausgesetzt waren, auszufüllen.
124 junge Menschen im Alter zwischen 16-18 Jahren gaben Auskunft. Keiner berichtete von eigentlichen physischen Strafen – abgesehen von einem Schlag mit einem Lineal oder ähnlichem auf die Finger. Insgesamt siebzehn Schüler erklärten, nie mit einer der 30 möglichen beschriebenen Kränkungen konfrontiert gewesen zu sein. 107 nannten insgesamt 736 Beispiele, in denen sie vom Lehrer angeschrien, hart am Arm gegriffen , vor die Tür gesetzt, ignoriert, bedroht und mit Dingen (Bleistift, Gummi) beworfen und sogar mit (sehr seltenen) sexuellen Andeutungen und Bemerkungen schikaniert wurden. Da es bei dieser Untersuchung über die traditionellen Kränkungen und Beleidigungen an der Schule primär darum ging, den Grad der physischen Strafe zu eruieren, muss das Resultat als Ganzes als zufriedenstellend angesehen werden.
Andererseits können Schüler auf viele andere Arten gekränkt und beleidigt werden und dies scheint in grösserem Masse geschehen zu sein. In der Beschreibung der erlebten Episoden waren viele Beispiele dabei – auch Beispiele die zweifellos das Selbstgefühl der Schülerinnen und Schüler beeinflussen können.
Das schwere Erbe der Schule am routinegeprägten und traditionellen Verständnis von Kindern und der kindlichen Entwicklung kann nur verändert werden, wenn die Lehrpersonen die Möglichkeit erhalten, ihre gesellschaftliche Wahrnehmung von der Wirklichkeit der Kinder und Ju-

gendlichen zu verändern. Etwa, indem ihr Empfinden der menschlichen Möglichkeiten (oder mit anderen Worten der Menschlichkeit) erörtert wird und die Grundlagen und Normen für Werte in der täglichen Wirklichkeit festgelegt und realisiert werden. Es werden aktuell eine Reihe von „Werkzeugen“ entwickelt, in Form von Spielen, Fragebögen, Übungen, Gruppentechniken, kürzeren und längeren Kursen und Erfahrungen aus anderen Kulturen, welche es allen möglich machen, in die Diskussion einzusteigen und daraus Entscheidungen zu fällen, die auch dieses Buch anregt.
Die Leser werden darum nicht nur zum Lesen des Buches aufgefordert, sondern auch dazu, anschliessend die Initiative zu ergreifen, die nötigen Prozesse in Gang zu setzen, aus denen sowohl eine verbesserte Lebensqualität für die Schulangestellten und in erster Linie eine bessere Lebensqualität für künftige Gesellschaftsbürger entstehen kann. Schliesslich handelt es sich dabei um den wichtigsten Job der Welt. Und daran sollte man sich vor, während und nach dem Lesen des Buches stets erinnern.

Dr. phil. Ole Varming,
Lehrerhochschule Dänemark

Einleitung

Als man vor einigen Jahren begann, ernsthaft von Schulleitungen zu sprechen, hatte ich das Vergnügen, für eine grössere Gruppe von Schulleitern eine Reihe von Beiträgen über Führung zu halten. In der abschliessenden Fragerunde stellte der lokale Schuldirektor die Frage, ob ich mir vorstellen kann, dass man in der dänischen Volksschule, so wie sie jetzt ist, überhaupt gute Leiter aufbauen könne. Die Frage überrumpelte mich etwas. Der Fragende meinte es wirklich ernst, und sie betraf ja auch in mehr als einer Hinsicht meine Rolle und mein Motiv, an diesem Tage anwesend zu sein. Als ich darüber nachgedacht hatte, antwortete ich – teils zu meiner eigenen Überraschung: „Nein, ich denke nicht, dass es möglich ist. Es wird sehr schwierig sein, eine eigentliche Leitung (im Unterschied zu Administratoren) zu entwickeln, solange die Volksschule an der Kultur und Wertgrundlage festhält, über die sie heute verfügt."

In den vergangenen Jahren hatten sowohl ich wie auch meine Mitarbeitenden reichlich Gelegenheit, die Kultur der Volksschule kennenzulernen – als Dozenten, Berater, Trainer von Führungs- und Lehrpersonen. Diese erneuerte Bekanntschaft mit der Schule und ihren Angestellten hat meine Antwort von damals im Wesentlichen bestätigt, obwohl sie heute vielleicht etwas differenzierter ausfällt.

Ich meine damit nicht, dass alle Schulleiter schlechte Leiter sind. Genauso wie ich in Bezug auf die Entwicklung einer kohärenten Leitungskultur an der Volksschule kein Pessimist bin. Erforderlich ist aber meiner Meinung nach, dass weit zielgerichteter an der Entwicklung der Schule und ihrer Leitungs- und Zusammenarbeitskultur gearbeitet wird. Eine Entwicklung, welche die fundamentalen, zwischenmenschlichen und prinzipiellen pädagogischen Prozesse sowie deren fachlichen Ziele gleichermassen gewichtet. Führungsmässig kommt die Volksschule nicht ans Ziel, wenn sie mit verkleinerten Managermodellen aus der Privatwirtschaft flirtet oder diese zu administrativer Prüfung und Kontrolle vereinfacht. Mir wurden diesbezüglich oft Fragen zu anderen Beziehungen im schulischen Alltag gestellt: Etwa zur Zusammenarbeit zwischen Lehrpersonen, zur Lehrer-Schüler-Zusammenarbeit, zur Lehrer-Eltern-Zusammenarbeit und der Zusammenarbeit im Schulvorstand.[4] Ich würde mir wünschen, dass ich mit meinen Antworten zukünftigen Anforderungen entsprechen könnte, sei es in Form von „Werkzeugen", „Lösungsmodellen" oder ähnlichem, aber ich glaube nicht, dass dies möglich ist, wenn man gleichzeitig die komplexe Realität der Volksschule ernst nehmen will.

Wie verlockend es auch ist, über Lösungsmodelle und Werkzeugkurse zu sprechen, muss aus meiner Erfahrung mit einer ganz neuen Dimension an der Schulkultur und der Wertegrundlage gearbeitet werden, wenn diese Beziehungen für alle Parteien fruchtbar werden sollen. Dies ist die Dimension, die ich im Folgenden die prozessuale Dimension nennen werde.

Wenn ich mir erlaube, über die Volksschule als Gesamtgrösse zu schreiben, mache ich mich natürlich einer Vereinfachung der Realität schuldig, welche viele verschiedene Schulen umfasst. Ich wage diese Vereinfachung, weil die zu Grunde liegenden Kulturphänomene identisch sind, und die Schwierigkeiten und Konflikte, welche die an der Schule Angestellten täglich erleben, ebenfalls weitgehend damit übereinstimmen.

---

4 In Dänemark sind die Schulvorstände (skolebestyrelsen) eine Institution, die Vertreter der Eltern, der Schüler, der Lehrpersonen und die Schulleitung, als Beisitz, umfasst. Vgl. auch die Übersicht im Anhang (Anm. d. Ü.).

Es ist nicht ungewöhnlich zu hören, dass Erwachsene ihr persönliches Verhältnis zur Schule als Hassliebe umschreiben. So geht es mir nicht. Mein Verhältnis zur Volksschule lässt sich eher als ein frustriertes Liebesverhältnis beschreiben. Ich meine, dass die Schule eine der zentralsten und machtvollsten Institutionen in der Gesellschaft darstellt, und ich hege generell grosse Bewunderung und Respekt für die Arbeit, welche die an der Schule angestellten Personen zu machen versuchen. Meiner Meinung nach muss man lange nach einer Fachgruppe mit gleichem Engagement und vergleichbarer Kreativität und Ausdauer suchen. Es sind genau diese Qualitäten der Lehrpersonen und parallel dazu der Schülerinnen und Schüler und Eltern, welche der jeweiligen Schulkultur entgegenwirken, sie sabotieren und ausmergeln. So ist es mehr oder weniger immer gewesen, entweder auf Grund oder im Gegensatz zur aktuellen politischen Führung. Es ist jedoch wichtig zu erwähnen, dass sich die politische Leitung der Volksschule in den letzten zehn Jahren in wesentlichen Bereichen eindeutig destruktiv gegenüber dem Selbstbild der Angestellten, dem professionellen Selbstrespekt und der generellen Haltung der Bevölkerung ihnen gegenüber, verhielt.
Die notwendigen Sparmassnahmen im öffentlichen Sektor hatten speziell im Bildungsministerium den Charakter einer Inszenierung gegen die Angestellten der Volksschule. Das Ministerium hat sich bei der Vermarktung pädagogischer und struktureller Veränderungen oft der leichtgläubigen Vorurteile in Bezug auf Arbeitszeiten des Lehrpersonals, Vorbereitungen, lange Ferienzeiten und ähnlichem bedient. Politisch gesehen haben diese vermutlich eine Art Gewinn gebracht, aber unter einem leitungsmässigen Gesichtspunkt muss gesagt werden, dass die Kosten für die Angestellten hoch waren. Vielleicht so hoch, dass sie auf etwas längere Sicht die Einsparungen überwiegen, welche in Kronen und Ören erzielt wurden.

Gleichzeitig hat sich das Selbstverständnis der Lehrpersonen und anderer Pädagogen, sowie ihre Art, sich selbst in Bezug zu anderen Menschen – Kindern, Jugendlichen und Eltern – wahrzunehmen in den letzten 20-25 Jahren destruktiv und selbstdestruktiv entwickelt. Viel zu viele Lehrpersonen finden sich täglich mit grösseren und kleineren Kränkungen der eigenen persönlichen und fachlichen Integrität konfrontiert. Es geht dabei nicht nur um „unartige" Schüler oder „schwierige" Eltern, sondern wir haben den Punkt erreicht, wo Normen im allgemeinen menschlichen Umgang unvernünftig und destruktiv für alle Partner geworden sind. Absolut keine Hilfe gibt es im Rückblick auf „die guten alten Tage", und so ist es das Hauptanliegen dieses Buches, zu beleuchten und zu argumentieren und neue und weniger polemische Parolen für die Entwicklung der Volksschule für die nächsten zehn Jahre zu finden:

SCHULE UM DER LEHRER WILLEN!

Mir ist bewusst, dass diese Parole politisch nicht umsetzbar, fachpolitisch unverdaulich und generell provozierend ist, aber trotz des polemischen Zuschnittes, meine ich es sehr ernst. Ich sehe es als den „Hauptschlüssel" für die Volksschule an, welchen alle gerne haben möchten: eine Schule, in der Kinder und Erwachsene gedeihen und sich persönlich und fachlich entwickeln können, im Sinne einer Bereicherung für den einzelnen und zur Freude und zum Nutzen für das kulturelle und produktive Leben der dänischen Gesellschaft. Die Parole entspringt ebenfalls einer ernsten Sorge über die Situation der Schüler. Der Spezialunterricht hat sich in vielen Gemeinden zu einem Staat im Staat entwickelt und es bringt nichts, wenn wir immer weitere spezielle und sonderpädagogische „Angebote“ in Bezug auf eine wachsende Anzahl von Kindern und Jugendlichen, welche in der Schulzeit schlecht vorankommen, erfinden. Es war eine Warnung, als vor mehr als 25 Jahren der Begriff „Normalklasse“ in den Sprachgebrauch der Schule kam. Einem grossen Teil der speziell geschulten Schüler konnte mit der Verbesserung der zwischenmenschlichen Interaktion zwischen Kindern und Erwachsenen geholfen werden. Der Spezialunterricht war allzu oft ein Teufelskreis, und unabhängig davon wie kompetent dieser erteilt wurde, wird er die Bedürfnisse nicht erfüllen, welche die fachliche Entwicklung des Schülers real behindern. Denn ein primäres Bedürfnis ist die Steigerung des Selbstgefühls[5], der Umgang mit relevanten Erwachsenenvorbildern und eine tägliche Anerkennung der Eigenverantwortlichkeit des Schülers.

Dies bedarf einer weit sinnvolleren Zusammenarbeit zwischen Lehrpersonen und Eltern als der, die im Augenblick an den meisten Orten stattfindet. Zu viele Lehrpersonen haben ganz einfach Angst vor den Eltern und ihre Angst blockiert den sinnvollen Austausch zwischen den beiden Partnern. Es erschüttert mich, zu hören, in welchem Umfang die Lehrpersonen erleben, dass sie auf ihre persönliche Integrität verzichten und ihren fachlichen Stolz verneinen müssen, um den Eltern auf eine sogenannt demokratische Weise begegnen zu können.

Parallel dazu, und ermutigt durch die kommunalen und landesweiten Schulpolitiker, findet eine zunehmende Polarisierung zwischen den beiden Parteien statt. Das Resultat

---

5 FAMILIEN nr. 14: „Om selvtillid og selvfølelse“ (Vierteljahreszeitschrift herausgegeben vom Kempler Institute of Scandinavia).

ist ein unmoralischer Stellungskrieg, in dem die Kinder und ihre Bedürfnisse als Geiseln beider Parteien dienen. Die dänische Volksschule wurde nicht um der Kinder willen erfunden, und es heisst nach wie vor Unterrichtspflicht und nicht Unterrichtsrecht. Sie besteht, weil die Gesellschaft (= die Erwachsenen) meint, dass es für die Gesellschaft gut ist, wenn Kinder eine wesentliche Zeit ihres Aufwachsens mit strukturellem Lernen verbringen.

An sich ist nichts Falsches dabei. Aber genau deswegen, weil die Schule um der Erwachsenen willen besteht, ist es entscheidend, dass die Erwachsenen, welche die Macht und den Einfluss in der Schule haben, sich auf einem ethischen Niveau befinden, das verhindert, dass die Kinder als Kanonenfutter gebraucht werden.

Ausgangspunkt dieses Buches ist die Idee, dass die Volksschule auf sich aufmerksam macht und eine Wertgrundlage, unter Berücksichtigung der Bedeutung der zwischenmenschlichen Interaktions- und Zusammenarbeitsprozesse, zufügt. Ich schreibe „zufügen“, weil es meine Erfahrung ist, dass die fachlichen Wertgrundlagen (Inhaltdimensionen) wohldefiniert und in Ordnung sind. Ich bin davon überzeugt, dass die fachliche, pädagogische und didaktische Entwicklung eine grosse Bedeutung für das weitere Wachstum und die Qualität der Volksschule hat, und ich bin mir auch sicher, dass sie bereits bei einigen Lehrpersonen, in einzelnen Schulen, in der dänischen Lehrerhochschule und in den vielen Versuchs- und Entwicklungsausschüssen in guten Händen ist. Sowohl in diesem Bereich wie auch bei Themen wie Stundenanzahl, Interdisziplinarität und ähnlichem habe ich wenig Fachkenntnisse, und zum Teil meine ich, dass ihre Bedeutung, sowohl für die Lehrpersonen als auch für die Schüler, generell überbewertet werden. Genauso geht es mit Beurteilungssystemen, Lektionslänge und Schularchitektur. Dies sind alles bedeutungsvolle Elemente in der Ganzheit, aber

sichern weder jeder für sich noch zusammen die Qualität, welche die Kultur und den Unterricht der Schule prägen sollen.
Es gibt – und darauf werde ich später zurückkommen – gute historische Gründe dafür, dass die Aufmerksamkeit für die prozessuale Dimension in der Schulwelt fehlt. Es ist deshalb nicht meine Absicht, eine vernichtende Kritik, weder an der Schule noch an deren Mitarbeitern, zu liefern. Es ist innerhalb einiger Themenbereiche aber notwendig, die Wirklichkeit etwas markant und unumwunden zu schildern, um damit vom schleppenden Ton abzuweichen, welcher normalerweise das innere Leben der Schule prägt. Nicht um jemandem auf die Zehen zu treten, sondern weil ich finde, dass diese Themen und Problembereiche, auf welche sich meine Erfahrungen begrenzen, eine direktere Beleuchtung und Diskussion benötigen.
Ich bin Praktiker und kein Forscher und kann darum weder meine Problemformulierungen noch meine Lösungsvorschläge, abgesehen von meiner 20-jährigen Arbeit mit Familien, Gruppen und Organisationen, untermauern. Es gibt vielleicht Untersuchungen über die Volksschule, welche meine Erfahrungen stützen oder widerlegen, doch in diesem Fall sind sie mir nicht bekannt. Das Folgende ist als eine Art liebevolles und engagiertes Feedback an eine Institution zu verstehen, vor dessen Energie und Bedeutung ich grossen Respekt habe.

1 Wertgrundlage

Die Wertgrundlage in diesem Buch baut auf der Erfahrung und dem Wissen auf, welches wir über die Bedeutung der interpersonalen Beziehungen haben – sowohl für das Individuum wie für die Gruppen, denen die betreffende Person angehört. Diese Wertgrundlage bezeichnet gesunde Phänomene der Interaktion als fruchtbar und konstruktiv, ungesunde als unfruchtbar oder destruktiv.
Da ich mich im Folgenden sowohl mit Einzelpersonen, die sich in der Schule aufhalten, als auch mit der einzelnen Schule als Organisation beschäftige, kann die Wertgrundlage in eine organisationstheoretische Sichtweise und in eine menschliche Betrachtungsweise unterteilt werden.

Die Organisation

Mit allgemeiner Organisationstheorie als Ausgangspunkt[6] kann man zum Beispiel die Grundelemente einer Organisation wie folgt darstellen:

Hauptelemente einer Organisation

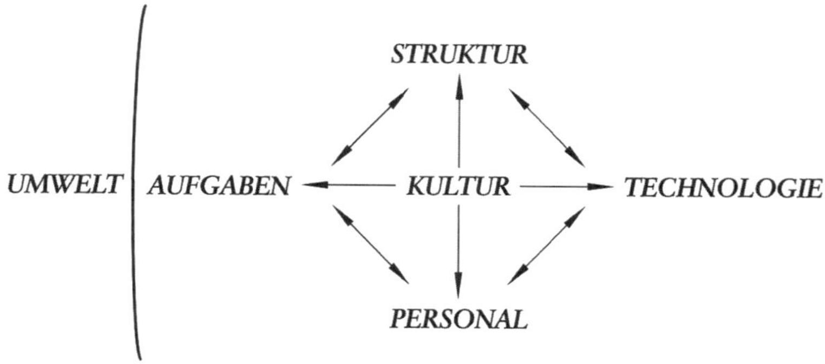

6 Henry Mintzberg: Structures in fives. New Jersey 1983. – Niels Bo Sørensen: Organisationers form og funktion – Om Mintzbergs teori i dansk sammenhæng. 3. Ausgabe, Kopenhagen 1991.

Der Begriff Organisationskultur umfasst unter anderem das, was ich im Folgenden die prozessuale Dimension nennen werde. Wie aus der Illustration hervorgeht, stehen die Elemente: Aufgaben, Struktur, Technologie und Personal in einer dialektischen Beziehung zueinander und beeinflussen sich deswegen in unterschiedlichem Masse kreuz und quer innerhalb der Organisation.
Insbesondere wenn es sich um Organisationen handelt, deren Aufgabe es ist, andere Menschen zu unterrichten, sie therapeutisch zu begleiten oder sie zu beraten, sind die internen Prozesse von entscheidender Bedeutung für die Qualität der effektiv ausgeführten Tätigkeit. Deshalb kann die Illustration auf drei Hauptelemente reduziert werden:

INHALT
STRUKTUR
PROZESS

Inhalt: Die übergeordnete Zielsetzung der Volksschule, die einzelnen Fächer und deren Ziele, Rundschreiben, Zusammenarbeitsvereinbarungen, Abmachungen usw. (im Folgenden abgekürzt als Unterricht und Fach).
Struktur: Die zentrale politische und administrative Struktur, die Struktur der einzelnen Gemeinden, die interne Struktur der Schule, Stundenpläne, zuständige Stellen und ähnliches.
Prozess: Die Qualität der interpersonalen Beziehung und deren konstruktive bzw. destruktive Funktion im Verhältnis zu Struktur und Inhalt. Dies bedeutet z.B. die „Art und Weise“ (im Unterschied zur „Methode“), wie sich

die Lehrperson in fachlichen Zusammenhängen zu seinen Schülern verhält. (im Folgenden soziale und professionelle Prozesse genannt).

Der Zusammenhang zwischen diesen drei Elementen ist der Folgende:
Strukturen können aufrecht erhalten werden, obwohl der Prozess destruktiv ist, dieser kann aber nicht seinem Ziel entsprechend funktionieren. Der Inhalt oder die Aufgabe können in einem ausreichenden Umfang korrekt ausgeführt werden, obwohl der Prozess destruktiv ist, doch die Qualität ist sehr gering. Strukturen können Prozesse negativ beeinflussen. So hat zum Beispiel die Etablierung von Schulvorständen[7] an einigen Schulen zu einer destruktiven Polarisierung des Verhältnisses zwischen Lehrpersonen und Eltern geführt. Auf dieselbe Weise können Strukturen Gegensätze vermindern.
Änderungen des Inhaltes (z.B. geänderte Stundenzahl zwischen den verschiedenen Fächern) können den Prozess negativ beeinflussen, indem die Konkurrenz zwischen den Lehrpersonen verstärkt wird oder sie können ihn konstruktiv beeinflussen, indem die interdisziplinäre Zusammenarbeit gefördert wird.

Der Prozess

Struktur und Inhalt haben also sowohl eine grosse Bedeutung füreinander, wie auch für die Qualität der Prozesse, aber letztlich ist der Prozess entscheidend dafür, wie die Inhalte und Strukturen funktionieren. Schon deshalb lohnt es sich, sich dem Prozessbegriff selbst zu nähern.
In der Welt der Schule wird auch von anderen Prozessen gesprochen – z.B. von Entscheidungsprozessen und päda-

7 Siehe auch die Übersicht im Anhang.

gogischen Prozessen, und das Wort Prozess beschreibt in diesem Zusammenhang einen kontinuierlichen Verlauf, welcher in hohem Masse auf Grund früherer Erfahrungen geplant oder im Voraus strukturiert werden kann. Dies verhält sich anders bei den interpersonalen Prozessen; und um dessen Natur zu beleuchten, schauen wir uns am besten zuerst den Prozess an, den wir kennen: den interpersonalen Prozess in der Interaktion zwischen zwei Menschen.

Prozess und Inhalt

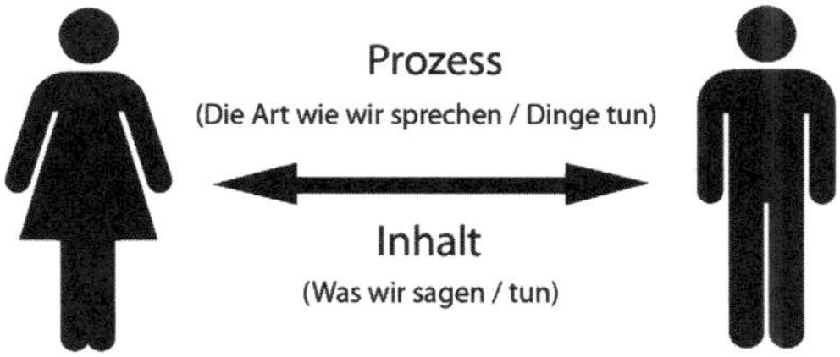

Prozess + Inhalt = Interaktion

Der Inhalt bedeutet hier: Das, worüber wir sprechen. Also der Gegenstand oder das Thema.
Der Prozess ist: Die Art und Weise, wie wir sprechen und uns ausdrücken – also wie wir uns verbal und nonverbal zueinander verhalten. Dies gilt für alle zwischenmenschlichen Interaktionen: Das Wie ist wichtiger als das Was! Gelungene Kommunikation hängt nicht primär davon ab, wie wichtig/richtig/bedeutungsvoll der Inhalt ist – er ist abhängig von der Art, auf die er vermittelt wird. Dies gilt innerhalb von Familien, wo der Prozess (die Liebe) Ausgangspunkt ist und im Klassenzimmer, wo er Inhalt (Fach) ist.
Da die interpersonalen Prozesse in einem sehr hohen Grad eine konkrete Greifbarkeit der Phänomene vermissen las-

sen, müssen wir versuchen, zu alltagstauglichen Abstraktionen zu gelangen. Nur so können wir einkreisen, wovon wir genau sprechen. Der Prozess ist dasselbe wie „der Ton“, „die Stimmung“, „die Atmosphäre“, „der Duft in der Bäckerei“. All diese Punkte spielen sich im wortwörtlichen Sinn zwischen den Zeilen ab. Die Kunst, eine fruchtbare interpersonale Beziehung einzugehen, ist in gewisser Weise mit der Kunst des Musikspielens vergleichbar. Wenn das Hauptgewicht auf der Inhaltsdimension liegt, werden Noten gespielt. Erst wenn die Prozessdimension gemeistert wird, spielt man Musik.

Wenn die interpersonalen Prozesse innerhalb einer Gruppe unfruchtbar werden, geschieht dies fast immer aufgrund eines „Kurzschlusses“ oder einer Inkongruenz zwischen Inhalt und Prozess. Als naheliegendes Beispiel können wir die fachliche Funktion der Lehrperson in einer Klasse und ihre private Funktion in der Familie vergleichen: Unterricht, Unterweisung und pädagogisch strukturierte Information kann eine sehr erfolgreiche Form der Kommunikation sein, wenn sowohl Lehrperson als auch Schülerin und Schüler ihre jeweiligen Rollen akzeptieren. Wenn die Lehrperson versucht, ihre pädagogischen Erfolge auf ihr Privatleben zu übertragen, wird sie von ihrer Familie als besserwisserisch und dozierend wahrgenommen und der Kontakt wird misslingen. Deshalb können hervorragende Lehrpersonen durchaus katastrophale Gesprächspartner sein.

Prozesse leiten

Demzufolge lautet die zentrale Botschaft dieses Buches: Die Leiter tragen immer die Hauptverantwortung für die Qualität des Prozesses. Dies gilt für Familien genauso wie für Organisationen, für Chefs genauso wie für Mitglieder. Die Prozessverantwortung verhält sich nicht notwendiger-

weise proportional zu formellen Kompetenzen oder zur Macht des Leiters.
Alle öffentlichen Organisationen haben einige äusserst komplexe Grössen, wenn es um Leitung geht. Die Volksschule ist dabei keine Ausnahme. Der Schuldirektor ist prozessverantwortlich im Verhältnis zum Schulleiter, welcher an seiner Schule prozessverantwortlich ist in Bezug auf Mitarbeitende, Schüler und Eltern. Diese Verantwortung teilt er mit dem Schulvorstand. Die einzelne Lehrperson ist prozessverantwortlicher Leiter in seinen Unterrichtsstunden, bei Elternabenden, Beratungen und Gesprächen. (Dazu kommt natürlich die (bildungs-)politische Leitung, auf deren Funktion ich später zurückkommen werde).
Die Organisation, welche die einzelne Schule ausmacht, enthält kraft ihrer Inhaltsdimension eine Reihe von Interaktionsprozessen, deren Qualität massgeblich zum Erfolg der Institution nach aussen und innen beiträgt. Wenn wir zudem berücksichtigen, dass nahezu alle Mitarbeitenden eine oder mehrere Führungsfunktionen innehaben, gibt es allen Grund, die prozessorientierte Leitung[8] als einen notwendigen Teil der neuen Schulkultur zu betonen.

Menschenbild

Man bedient sich innerhalb unterschiedlicher Fachbereiche aus verschiedenen Sachgebieten, wenn man über das eigene Menschenbild spricht. Einige sprechen von einem „positiven“ bzw. „negativen“ Menschenbild, andere sprechen von einem „mechanistischen“ im Gegen-

8 Prozessorientierte Leitung beschreibt weder ein einzelnes Modell noch eine Schule von Führungstheorien. Es ist deshalb nicht möglich, auf einzelne Werke hinzuweisen. Das Kemplerinstitut hat die wichtigsten Richtlinien und Prinzipien im Kompendium „Om procesorienteret ledelse“, welches beim Institut angefordert werden kann, formuliert (vgl www.kempler.dk und auch www.kempler.eu).

satz zu einem „ganzheitlichen“ und wieder andere von einem “krankheitsorientierten“ gegenüber einem „wachstumsorientierten“ Menschenbild. Der „letzte Spross aus dem Stamm“, wie wir im Dänischen sagen, scheint das „ökologische“ Menschenbild zu sein. Für die Botschaft dieses Buches sind einige dieser Kategorien von peripherem Interesse und andere erzeugen schnell halb- oder ganzreligiöse Assoziationen, sodass ich es vorziehe, etwas praktischer zu Werke zu gehen und etwas genauer auf das einzugehen, was wir inzwischen über die Menschen wissen.

Da die meisten von uns ja in erster Linie an Kinder denken, wenn wir über die Schule sprechen, können wir z.B. als Ausgangspunkt Ole Varmings Untersuchung über die Haltung der Eltern ihren Kindern gegenüber[9] nehmen; also in Wirklichkeit die Menschenbilder dänischer Familien. Die Untersuchung zeigt, dass sich die Eltern in nahezu zwei gleich grosse Gruppen aufteilen lassen: Die eine Gruppe hat die Haltung, dass die Kinder zu gleichen Teilen gut und böse sind, und es die Hauptaufgabe der Erziehung ist, das Böse zu bekämpfen – wenn nötig mit Hilfe von Gewalt. Die andere Gruppe geht davon aus, dass Kinder von Anfang an gut sind, und dass die Aufgabe darin besteht, diese positiven Potentiale zu stimulieren und zu entwickeln. Keine der beiden Seiten würde vermutlich freiwillig unterschreiben, dass sie selbst ein negatives oder falsches Menschenbild hat, aber wahrscheinlich wären beide geneigt zu glauben, dass die andere Seite eines hat.

In den letzten 25-30 Jahren ist unser Wissen über Kinder gewaltig gewachsen, und das hat vielfach Anlass dazu gegeben, unser Menschenbild und Wertegrundlagen, sowohl in der Familie als auch in anderen Zusammenhän-

---

9 Ole Varming: Holdninger til børn (Diss.). Kopenhagen 1988; Ole Varming: Holdninger til børn – fra opdragelse til inddragelse. Kopenhagen 1992.

gen, in denen Kinder „Nahrung holen sollen“, zu revidieren.
Es ist meine Erfahrung, dass sich die einzelnen Lehrpersonen in der Schule über ihre Sicht auf die Kinder oft uneinig sind. Diese Uneinigkeit hinterlässt oft ein Vakuum in der Interaktion zwischen Lehrperson und Schülerin oder Schüler, das man mit pädagogischen Methoden aufzufüllen versucht. Abgesehen von mangelndem oder veraltetem Wissen gibt es natürlich viele weitere Gründe für diesen Zwiespalt. Einer der wichtigsten Gründe scheint eine grundlegende Diskrepanz zwischen dem positiven und optimistischen Menschenbild junger Lehrpersonen und dem traditionell negativen Menschenbild des Schulsystems zu sein. Im Verlauf der Jahre wird es schwieriger, Befürworter dafür zu finden, aber auf eine sonderbare Weise scheint dies an den Schulmauern zu liegen – insbesondere wenn sich die Mitarbeitenden in die Defensive gedrängt fühlen.

Integrität und Zusammenarbeit

Das Wissen, welches wir in den letzten 20-30 Jahren über die Entwicklung von Kindern und ihre Art und Weise, wie sie Interaktionen mit Erwachsenen eingehen, erworben haben, kann am besten mit den Begriffen INTEGRITÄT und ZUSAMMENARBEIT und dem ewigen Konflikt dazwischen illustriert werden[10].
Dieser Konflikt wurde im Verlaufe der Zeit auch als Konflikt zwischen Individuum und Gesellschaft, zwischen Individualität und Anpassung und zwischen Individuum und Gruppe beschrieben. Die verschiedenen Menschenbilder beziehen sich in der Realität alle auf diesen grundlegenden existentiellen und sozialen Konflikt. Vor rund einer

---

10 Jesper Juul: Familierådgivning – Perspektiv og proces, S. 42-56. 2. Ausgabe, Kopenhagen 1992 (Dt.: Familienberatung. Perspektiven und Prozess, S. 40-46. München 2012).

Generation war die herrschende Auffassung, dass Kinder – wenn sie in diesem Konflikt standen – vor allem dazu neigten, ihre eigene Individualität zu bevorzugen. Wir wissen jetzt, dass es sich genau umgekehrt verhält!
Wenn Kinder täglich in viele Konflikte kommen und dabei wählen müssen zwischen ihrem Bedürfnis, sich einerseits zu verteidigen (Individualität, Grenzen) und andererseits ihrem Drang nach einer Zusammenarbeit (sich anpassen, nachahmen, kopieren), dann wählen neun von zehn Kindern das Zusammenarbeiten.
Dieser Konflikt ist einer der Grundbedingungen des Lebens. Er aktiviert sowohl die offensichtlichsten Normen und Regeln, welche in der Primärgruppe, der wir angehören, herrschen, wie auch die Stimmungen (=Prozess), die jederzeit in Gruppen oder Familien zu finden sind. Die Art, wie wir in den ersten Lebensjahren lernen, mit diesem Konflikt umzugehen, wird in der psychologischen Tradition Verhaltensmuster oder Persönlichkeit genannt. Diese Erkenntnis kehrt buchstäblich unsere gewohnten Vorstellungen davon um, wie wir in unser Verhältnis zu Kindern und Jugendlichen mit psychischen und/oder sozialen Problemen eingreifen sollten. Wir wissen heute, dass sie bereits so viel „zusammengearbeitet" haben, dass sie sich jetzt an den letzten Resten ihrer Integrität festhalten müssen. Vor a-sozial kommt immer zuerst über-sozial!
Wenn wir als Eltern, Lehrer, Therapeuten oder Berater in problematische interpersonale Beziehungen eingreifen, müssen wir lernen, darauf zu achten, wo der einzelne über Fähigkeiten in der Zusammenarbeit verfügt und folglich ein Hilfsbedarf in der Etablierung der eigenen Integrität besteht. Wir müssen somit nicht, wie wir dies seit Generationen gemacht haben, den Kindern die Zusammenarbeit lehren. Wir müssen ihnen beibringen, zu sich selber wie auch zu ihren eigenen Grenzen Sorge zu tragen.
Wenn wir die Anzahl der Kinder und Erwachsenen mit

psychischen und sozialen Problemen an den Schulen reduzieren und gleichzeitig das Lernvermögen der Schüler erhöhen und die Qualität des fachlichen Klimas der Klasse steigern wollen, müssen wir neue Wege suchen. Wir müssen der Tatsache in die Augen sehen, dass der Grossteil der destruktiven Konflikte durch die interpersonalen Prozesse in der Familie, in den Kindertagesstätten/Horten und in den Schulen entstehen und verstärkt werden. Ich werde später auf diese sekundäre Rolle der Schule als „Verursacher" der Probleme der Kinder zurückkommen und darauf, wie sich das Zusammenspiel zwischen Kindern und Erwachsenen in der Schule oft symptomverstärkend auswirkt.
Der Paradigmenwechsel, von dem wir in Wirklichkeit sprechen, hat auch für die Lehrpersonen, Schülerinnen und Schüler und Schulleitungen eine Reihe von Konsequenzen, welche nicht (offiziell oder inoffiziell) als „problematisch" diagnostiziert wurden. Auch innerhalb der sogenannten Normbereiche wird die Anerkennung der Bedeutung interpersonaler Prozesse, den Wunsch und die Fähigkeit verstärken, die fachliche Kreativität, die pädagogische Leitung, und die Qualität des kollegialen Zusammenspiels zu erlernen.

Inhalt und Prozess

Die Volksschule hat eine Tradition, Inhaltsdimensionen und Prozessdimensionen als ganz oder teilweise unvereinbare Grössen zu betrachten. Dies geschieht wahrscheinlich vor dem Hintergrund, dass das ganze Handeln der Volksschule darauf abzielt – und das soll es natürlich auch – Inhalte mit primär fachlichem Charakter zu vermitteln. Darüber hinaus glaube ich, dass andere Fachgruppen einen Teil der Verantwortung für die fehlgeschlagenen Versuche tragen, das Selbstverständnis der Schule zu differenzieren. Historisch gesehen ist die prozessuale Dimension durch

Begriffe wie „das Soziale“, „Erholung“, „Mitbestimmung“ etc. vereinfacht worden. Schon lange hat es somit Tradition, dass wir sagen: „Unsere Inhalte – Fach, Lehrplan usw. – sind so wichtig, dass wir nicht die Zeit finden, uns mit ‚dem Anderen' zu beschäftigen. Damit müssen sich eben Andere beschäftigen.“

Niemand hat es geschafft, den Mitarbeitern der Schule klar zu machen, dass Inhalt und Prozess eben nicht getrennt werden können – dass im Gegenteil der Prozess eine Voraussetzung für den Inhalt ist. Der Prozess kann weder getrennt oder anderen überlassen werden, er kann höchstens ignoriert werden. Und das ist auch geschehen.

Auf das Konto der Prozessignoration geht somit die Tatsache, dass unzählige Schüler „vom Platz gestellt“ und schlecht behandelt worden sind, schlecht funktionierende Lehrpersonen beschützt und isoliert, destruktive Leitungs- und Zusammenarbeitsprozesse entweder ignoriert oder halbherzig angegangen und die Liebe der Eltern, ihr Engagement und ihre Hoffnungen disqualifiziert wurden.

Obwohl die Mehrheit der Mitarbeitenden der Volksschule über hervorragende menschliche Qualitäten verfügt, wird sich dies so lange fortsetzen, bis man einsieht, dass konstruktive interpersonale Prozesse eine notwendige Voraussetzung sind, damit Lehrpersonen und Schüler zu einer Zusammenarbeit finden, durch die sie nicht ständig verletzt werden.

Eine Umsetzung dieser Erkenntnisse in die Praxis bedingt keine Änderungen der schulischen Strukturen oder der Lehrpläne. Es bedingt eine bewusste und zielgerichtete Veränderung der Kultur, bei welcher das Prozessuale und das Inhaltsorientierte eine gleichwertige Platzierung im Bewusstsein und im Verhalten der Erwachsenen bekommt.

Jetzt könnte man mich verdächtigen, die Kultur der Volksschule zu psychologisieren oder zu therapeutisieren, doch faktisch verfolge ich genau das Gegenteil. Ich bin nicht darauf aus, Platz für mehr Fachgruppen zu schaffen. Ich bin darauf aus, die Kultur zu ändern, damit der Bedarf an Psychologen und Therapeuten verringert wird und nicht, wie wir dies in den letzten 25 Jahren gesehen haben, grösser und grösser wird.

2 Lehrpersonen

Es mag widersprüchlich erscheinen, dass ich mich trotz der vielen Reden über die Bedeutung der interpersonalen Beziehung entschieden habe, auch über die Lehrperson als individuelle Grösse zu schreiben. Ich habe dies aus zwei Gründen getan: Zum einen erachte ich die Lehrperson als den zentralen und bedeutungsvollsten Akteur im schulischen Leben. Zum anderen erlebe ich die aktuelle Situation der meisten Lehrpersonen als isoliert, einsam und auf sich alleine gestellt.

Vielleicht war die Volksschule einmal ein Ort gewesen, an dem man ausschliesslich Unterricht betrieb, und an dem alles andere als „geht-die-Schule-nichts-an“ definiert wurde, doch das muss sehr lange her sein. Dennoch ist es noch immer diese hypothetische Wirklichkeit, in welche hinein Lehrpersonen ausgebildet werden und funktionieren sollen – und zwar mit dem Hauptgewicht auf spezialisiertem Fachwissen und der Methodik der Wissensvermittlung an die Schüler. Das bedeutet, dass sich der Lehrer nach Beenden der Ausbildung in derselben Situation befindet wie z.B. Sozialpädagogen, Psychologen und Sozialarbeiter: Nämlich der, dass die Ausbildung nur in geringem Grad dem Job entspricht. Die Lehrperson muss deshalb die ersten 5-10 Jahre damit verbringen, sich weiterzubilden, um der Wirklichkeit entsprechend zu begegnen.

Der gute Lehrer

Welche Merkmale machen eine gute Lehrperson aus? Nun, der Inhalt der Lehrerausbildung und die allgemeinen Anstellungskriterien deuten mehr als an, dass es die fachliche Geschicklichkeit des Lehrers ist. Wie jedes Kind weiss, ist dies nur in einem geringen Masse wahr. Der Unterschied zwischen den guten und den schlechten Lehrpersonen sind nicht primär die fachlichen Qualifikationen, diese kann man sich mit fleissigem Studium aneignen. Der Unterschied liegt in den persönlichen Qualitäten. Oder in der Terminologie des Buches umschrieben: Es ist die Lehrperson, welche die interpersonalen Prozesse in Gang setzen, stimulieren und qualifizieren kann, die sich auch in diese hineinbegibt und sich der übergeordneten Verantwortung für deren Qualität bewusst ist. Genau dieselben Qualitäten machen den guten Lehrer zu einem guten Mitarbeiter, einem guten Kollegen, einem guten Sitzungsleiter und einem guten Gesprächspartner. (Dasselbe gilt natürlich auch für Psychologen, Anwälte, Ärzte, Krankenschwestern und Pädagogen und weitere.)

Die generelle Erfahrung weltweit zeigt, dass genau die von uns, welche gerne „mit Menschen arbeiten" möchten, auch den grossen Wunsch haben, ebendiese Qualitäten zu besitzen. Dass aber nur die wenigsten diese rein faktisch von Anfang an haben. Daran ist nicht Suspektes. Es ist nichts Falsches daran, als Ausgangspunkt für eine Karriere ein grosses Herz, gute Absichten und ein Engagement für andere Menschen zu haben. Aber wie erwähnt, ist die Lehrerausbildung nicht darauf ausgelegt, dass diese anfänglichen Eigenschaften für ein relevantes und fruchtbares Verhalten umgesetzt werden können.

Aus demselben Grund hat man viele Jahre lang in anderen Fächern ein besonderes Augenmerk auf Weiterbildung, Supervision und Teamwork gelegt. So sind aus guten Gründen die Pioniere unter den Fachgruppen zu finden, welche sich im Alltag mit schwierigen Beziehungen auseinandersetzen, wie z.B. die Kinder- und Jugendpsychiatrie, Sozialpädagogen, Psychiatriepfleger, Psychologen und viele mehr.

Innerhalb des Schulwesens ist diese Gewichtung von integrierter fachlicher und persönlicher Entwicklung praktisch unbekannt. Gleichzeitig dazu ist die Volksschule die

Institution, welche sich am stärksten mit der persönlichen und sozialen Entwicklung von Kindern und Jugendlichen beschäftigt. Und die es auch am meisten versäumt, die Fähigkeiten der Lehrperson, konstruktive Interaktionsprozesse mit anderen Menschen einzugehen, zu trainieren, zu entwickeln und zu fördern. Es ist doch so, dass Lehrpersonen, welche auf eigene Initiative Kurse besuchen wollen, in welchen die Entwicklung ihrer Persönlichkeit ein Teilziel ist, oft mit der völlig absurden Begründung abgelehnt werden, dass diese für ihre Arbeit irrelevant sind!
Daraus resultiert unter anderem, dass sich die Schulkultur auf einer ungeheuer destruktiven Berührungsangst entwickelt hat: Dass nämlich die zentralen Fähigkeiten von Kindern und Erwachsenen des Lernens und des Unterrichtens ignoriert oder an Spezialisten übertragen und damit pathologisiert wurden.
Es war immer so, dass Eltern ihre Kinder morgens mit viel mehr als nur mit Büchern, Hausaufgaben und Mittagessen im Rucksack zur Schule schickten. Die Kinder kamen immer mit ihren persönlichen, sozialen und familiären Konflikten und Problemen in die Schule, welche ihre Fähigkeiten zu lernen und sich den schulischen Normen anzupassen, beeinflussten. Die einzige wichtige Veränderung, die stattgefunden hat, ist die, dass die uneingeschränkte Autorität der Schule und der Lehrpersonen abgebaut wurde – und darüber ist niemand traurig. Die Lehrpersonen, welche unlängst angefangen haben, von den guten alten Tagen zu träumen und sich die Wiedereinführung von Disziplin und furchtsamem Respekt vor der Rolle des Lehrers herbeizuwünschen, müssen erkennen, dass es sich um einen unrealistischen Traum handelt. Im Gegensatz dazu ist dies ein unartikulierter Ausdruck für eine sehr legitime Sehnsucht nach einer Wiederherstellung einiger anständiger, persönlicher Grenzen, ein angemessenes Ziel von menschlicher

Würde und der Erfahrung, eine wertvolle Rolle in der Gesellschaft zu spielen.

Rolle und Person

Im Laufe der letzten 20, 30 Jahre hat eine zunehmende Entmenschlichung des Selbstverständisses von Lehrern und Pädagogen stattgefunden und als Konsequenz daraus auch die Art, wie sich die sie umgebende Gesellschaft ihnen gegenüber verhält. Mit Entmenschlichung meine ich, dass sich Lehrpersonen zunehmend den Ausdruck ihrer eigenen persönlichen Integrität verbieten: das heisst ihre persönlichen Grenzen, Gefühle, Reaktionen und Gedanken. Das Recht eine Person zu sein, wurde ersetzt durch die Forderung zur Ausfüllung einer Rolle. Gewiss war das in der Schule immer so gewesen, aber in grossen Teilen der gesellschaftlichen Umwelt ist die Tendenz jetzt viele Jahre in die entgegengesetzte Richtung gegangen.
Dieses Selbstverständnis ist, abgesehen davon, dass es extrem selbstdestruktiv ist, gefährlich für die Kultur der Schule und für das Menschenbild, das den Kindern und Jugendlichen weitergegeben wird. Diese Entwicklung vertraut meiner Ansicht nach keinen spezifischen pädagogischen Theorien. Sie ist vielleicht eher eine Konsequenz aus einigen grundlegenden Missverständnissen im diffusen linken Flügel der 50-er und 60-er Jahre und aus ein paar geglückten Kampagnen des rechten Flügels.
Bis Ende der sechziger Jahre war die Machthierarchie noch intakt. 1967 wurde der Rohrstock und das Recht des Lehrers auf Ausübung von physischer Strafe abgeschafft.[11] Ungefähr gleichzeitig fing die politische Demokratisierung des Innenlebens der Schule an, welche viele progressive

11 In Dänemark 1967. In der Bundesrepublik Deutschland wurden Körperstrafen an Schulen 1973, in Österreich 1974 abgeschafft (Anm. d. Ü.).

Kräfte als die beste Kur für die vielen Krankheiten und Verzerrungen ansahen, welche die Interaktionen zwischen Kollegen und zwischen Lehrpersonen und Schülern prägten. Bis dahin waren die Persönlichkeit des Lehrers und die persönliche Irrationalität unantastbare Grössen. Das Wichtigste war, dass sie ihre Rolle akzeptierten und sich in Übereinstimmung mit ihrem Platz innerhalb der Hierarchie befanden. Dasselbe galt für den Schulinspektor, Hausmeister, Sekretär, die Schüler und Eltern. Mit dem abrupten Abbau der Machtstrukturen und dem allgemeinen Misstrauen Autoritäten und Machthabern gegenüber, verschwand ein grosser Teil des Fundamentes, das seit jeher die Lehrerrolle unterstützt hatte. Die Gegenmassnahme blieb nur in einer kurzen Übergangszeit bestehen: So sollte der Lehrer das Recht haben, im Unterricht anwesend zu sein – nicht als Person – sondern als Repräsentant seiner Haltungen, entsprechend dem überwiegenden politischen Zeitgeist. Mit Erhard Jakobsen[12] an der Spitze führte ein Teil des dänischen Volkes einen Kriegszug gegen diesen Versuch, die Rolle des Lehrers auszuweiten und dabei offensichtliche politische Anweisungen miteinzubeziehen. Dieser Feldzug hat ohne Zweifel dazu beigetragen, dass viele Lehrpersonen sich immer noch ständig vor dem Vorwurf fürchten, dass sie „zu viel Platz" für ihre persönlichen Haltungen/Anschauungen in Anspruch nehmen.

Diese Demokratisierung der Schule, die inzwischen eingetreten ist, hat wohl auf viele Weisen dazu beigetragen, sie zu einem besseren Arbeitsplatz für die Angestellten zu machen. Sie scheint auch eine Bedeutung der qualitativen Veränderung sowohl in der Sicht der Schüler auf ihren eigenen Status als auch im Verhalten des Lehrers der Schü-

---

12 Erhard Jakobsen (1917 – 2002) war Gründer der dänischen Partei Centrum-Demokraterne, dessen Vorsitzender er auch von 1973 – 1989 war (Anm. d. Ü.).

lerrolle gegenüber zu haben. Das, was jetzt fehlt, ist die Einführung einer Kultur, in der sowohl Lehrpersonen und Schülerinnen und Schüler als lebendige, irrationale Menschen und Persönlichkeiten und nicht bloss als Teilnehmende in einem Rollenspiel anerkannt werden. Dies wird wohl paradoxerweise bei beiden Parteien dazu führen, eine Rolle zu spielen, welche für die Gesamtheit wertvoll ist.

Derselbe Abbau der Rollen von automatischer Autorität ist in Familien geschehen. Er hat bei diesen Erwachsenen eine Leere hinterlassen. Nämlich dort, wo konkrete Anweisungen zu dem, wie man als Erwachsener seine Verantwortung verwaltet, fehlen, wenn diese Anweisungen nicht länger in Form von simpler Machtausübung, Machtmissbrauch, Gewalt und Einschränkungen in der persönlichen Freiheit der Kinder geschehen können. Wie verhält man sich als Lehrperson, wenn man eine persönliche Autorität entwickeln und manifestieren soll, die gleichzeitig gewährleistet, dass ein gegenseitiger Lern- und Entwicklungsprozess stattfindet und keiner der Partner in der persönlichen Integrität gekränkt wird?

Auf die Lehrperson bezogen erfordert dies in erster Linie, dass diese anfängt, sich selber ernst zu nehmen. Das beinhaltet zum Beispiel, dass Lehrpersonen ihre professionellen Bedürfnisse, ihre persönlichen und fachlichen Grenzen untersuchen und überprüfen und ihre Verantwortung für die Qualitäten der Interaktionen, die sie eingehen, anerkennen.

Zu viele nehmen sich zu wichtig. Frustriert darüber, dass sie sich selber nicht als wirklich wertvoll erfahren, plustern sie sich auf, wenn sie in Bedrängnis geraten und das mündet oft in Selbstherrlichkeit und Arroganz. Dabei liegt die Antwort näher im Rationalen verborgen, die hinter der Parole liegt: Schule um der Lehrer Willen!

Bevor ich die Bedeutung dieser Parole vertiefe, möchte ich gerne präzisieren, welche Bedeutung sie nicht hat:

- *Ich bin weder naiv noch sentimental. Es lassen sich viele gute Lehrpersonen im dänischen Schulwesen finden, und da lassen sich weiss Gott auch ein paar schlechte darunter finden.*

- *Dies ist kein fachpolitischer Leitspruch. Wenn es der Etablierung von fruchtbaren interpersonalen Prozessen gilt, müssen sowohl politische als auch fachpolitische Einmischung als kontraindiziert angesehen werden. Es sei denn, dass diese ganz prinzipiell und übergeordnet in Form von moralischer und ökonomischer Stütze geschieht.*

Ähnlich wie andere bin ich natürlich auch damit beschäftigt, dass die Volksschule ein Ort bleibt, wo die Kinder sich fachlich und sozial entwickeln und gedeihen können. In der Zwischenzeit weiss ich ganz sicher, dass dies erst an dem Tag möglich wird, an dem Lehrpersonen gedeihen und die Möglichkeit erhalten, sich optimal zu entwickeln – sowohl fachlich, wie auch persönlich.
Wie früher erwähnt, liegt es in der Natur der Organisationen, dass wesentliche Änderungen notwendigerweise auch von oben inspiriert und veranschaulicht werden müssen. Es ist deshalb als ganz nüchterne fachliche Betrachtung zu verstehen, wenn ich feststelle, dass die kommunalen Schuldirektoren, die einzelnen Schulvorstände und Schulleitungen notwendigerweise Begriffe stärker priorisieren müssen: Etwa prozessorientierte Leitung, Personalpflege, internes Training und Weiterbildung und Gruppen und Strukturen, welche die täglichen Bedürfnisse für die fachliche und persönliche Entwicklung ernst nehmen. Und ebenso die professionellen Zugehörigkeitsformen, welche in einem weit höheren Mass absichern, dass die einzelne Lehrperson nicht einsam, isoliert, ausgebrannt und desillusioniert, zynisch, stillstehend oder ausgestossen wird.

Ich möchte sie daran erinnern, dass dies nicht nur in der Welt der Schule zutrifft. Dies sind Minimalanforderungen an alle Organisationen, welche sich mit Menschen beschäftigen, und in welchen die eigene Person des Mitarbeiters das wichtigste Werkzeug ist.
Lehrer haben historisch gesehen einen gewissen Status aufgrund ihrer Rolle inne, welche sie im System hatten. Wenn dieser Status wieder erobert und meinetwegen gerne verbessert werden soll, kann die fachpolitische PR-Kampagne nicht greifen. Es müssen substantiellere Änderungen durchgeführt werden, bevor die Lehrpersonen ein wertvoller und integrierter Teil im Wohlbefinden und in der Entwicklung von Kindern und Jugendlichen sein können. Dies kann zum Beispiel beinhalten:

- *dass die persönliche Präsenz der Lehrperson in der Zusammenarbeit mit Kollegen, Eltern und Schülern als wichtigste Voraussetzung überhaupt für die Qualität seiner Arbeit anerkannt wird.*

- *dass Lehrpersonen ermutigt und unterstützt werden, ihre eigene persönliche und professionelle Individualität zu entwickeln und Verschiedenheit fruchtbar zu machen.*

- *dass anerkennt wird, dass das persönliche Wohlbefinden und die Entwicklung eine wesentliche Voraussetzung für die fachliche und soziale Entwicklung der Schüler sind.*

- *dass es die zentrale Verantwortung von Leitung und Kollegen ist, dass schlecht funktionierende Lehrpersonen nicht isoliert, tot geschwiegen oder hilflos toleriert werden, sondern im Gegenteil relevante Unterstützung, Supervision oder Gemeinschaft angeboten erhalten.*

- *dass interpersonelle Konflikte und Unterschiedlichkeiten auf allen Niveaus willkommen sind und konstruktive Elemente im Innenleben der Schule anerkannt werden.*

- *dass die Lehrerausbildung als eine Grundausbildung angesehen wird, welche die Lehrperson nur im begrenzen Rahmen dazu qualifiziert, sich sinnvoll in die Interaktion mit seinen Mitarbeitspartnern – Kollegen, Schülern und Eltern – einzubringen.*

3 Zusammenarbeit zwischen Lehrpersonen

Will man die volle sprachliche Konsequenz der dominierenden Tradition der Zusammenarbeit in der Volksschule ernst nehmen, müsste der Lehrerkonvent Einzelhandelsverband heissen. In der professionellen Zusammenarbeit fungieren Lehrpersonen traditionell wie kleine Gewerbetreibende, welche über die gemeinsame Kundengrundlage hinaus kaum über weitere besondere Gemeinsamkeiten verfügen. Es verliert sich im Ungewissen, ob diese Kultur das Resultat einer bewussten Zielsetzung und Strategie ist, oder ob man aus der Notwendigkeit eine Tugend gemacht hat.

Ich glaube nicht, dass man einige dieser einleuchtenden Vorteile schmälern muss, aber es ist für die Schulkultur betrüblich, wenn sie oft negativ oder defensiv begründet ist. Aus mehreren Gründen ist es dazu gekommen, dass bei Problemen und Konflikten jeglicher Art automatisch Fragezeichen hinter das Können der einzelnen Lehrperson gesetzt werden. Dieses Kulturphänomen hat zwei dominierende Strategien hervorgebracht: Entweder werden Probleme verheimlicht und man versucht, selber klar zu kommen, oder man übernimmt keine Verantwortung und gibt den Schülern die Schuld.

Diese Kultur ist sowohl unwürdig, wie auch destruktiv und vollständig absurd. An jedem Arbeitsplatz, an dem der eigentliche Arbeitsprozess darin besteht, Gruppen von sehr verschiedenen – und sehr unterschiedlich motivierten – Menschen in einer inhaltsreichen und zielgerichteten Gemeinschaft zum Funktionieren zu bringen, sind Konflikte, Gegensätze und Probleme zentrale und selbstverständliche

Elemente. Eine Kultur, welche Problemloses „richtig“ und Problematisches „falsch“ macht, ist sinnlos. Sie verbreitet eine Menschlichkeit, welche von der Wirklichkeit losgelöst ist, und erklärt einen jeglichen interpersonellen Konflikt damit, dass die eine Partei schuldig und die andere unschuldig ist. Ethik auf Pausenplatzniveau, könnte man sie treffender nennen.

In den letzten Jahren hat man an mehreren Orten angefangen, mit Zwei-Lehrersystem, Wenig-Lehrersystem, Team-Lehrersystem und einer Offenen-Tür-Kultur zu experimentieren. Soweit ich es beurteilen kann, sind alle diese Initiativen ein Schritt in die richtige Richtung, obwohl zum Beispiel Begriffe wie „Heizkörperlehrer“ vielleicht etwas darüber aussagen, wie sinnvoll das System erlebt wird. Ich vertraue dem Einfallsreichtum und der Experimentierlust mit Strukturen, welche schon seit vielen Jahren integrierter Bestandteil der Kultur der Volksschule gewesen sind. Doch es ist mein Gefühl, dass man dazu neigt, sich zwischen zwei Stühle zu setzen: Was ist am besten für die Lehrpersonen – und was ist am besten für die Schüler (am besten bedeutet hier am dynamischsten und nicht am bequemsten). Die Alternative ist, dass sich jede einzelne Lehrperson selbst fragt: „Was wäre das Beste, das ich zum jetzigen Zeitpunkt für meine eigene persönliche und pädagogische Entwicklung machen kann – und mit wem zusammen?“

Das professionelle Milieu

Mit Zusammenarbeit zwischen Lehrpersonen meine ich also in Wirklichkeit „das professionelle Milieu“ an Schulen. Am meisten beschäftigt mich, dass das, was für die professionelle Entwicklung und das Wohlbefinden der Lehrperson, aus einer ganz einzigartigen Erfahrung heraus, gut ist, auch das ist, womit der Organisation und den Schülern am besten gedient ist. Ich werde später noch darauf zurückkommen. Aber ich meine damit, dass an Schulen kleinere Basis- oder Hauptgruppen gebildet werden sollen – mit dem Ziel, gegenseitiges kollegiales Feedback, Supervision, Inspiration, Pflege zu bekommen und Herausforderungen besprechen zu können.

Es ist wichtig, ein Augenmerk darauf zu richten, dass die interkollegiale Kultur an der Volksschule Elemente beinhaltet, welche in sich selbst den Aufbau eines inspirierenden und dynamisch professionellen Milieus bremsen können. Dies gilt für die bereits erwähnte Berührungsangst, und es gilt genauso für die verschlingende Nettigkeit des Lehrerstandes. Diese beiden Phänomene verhindern generell, dass sich Lehrpersonen sowohl mit Kindern wie auch mit Erwachsenen in gehaltvollen und gleichwürdig persönlichen Dialogen üben. Dafür gedeihen Verdrängung, Ironie, Sarkasmus und Selbstherrlichkeit.

Erfahrungen innerhalb anderer Organisationen zeigen, dass sich diese Phänomene bearbeiten lassen. Und dass diese Entwicklung mit dem notwendigen Respekt für den kulturellen Standpunkt der Gruppe und der Organisation, welche pessimistisch konservativ oder dynamisch optimistisch geprägt ist, in die Wege geleitet werden muss. Ich nenne also die destruktiven Elemente in der aktuellen Kultur der Volksschule nicht etwa, um jemanden blosszustellen. Aber ich möchte damit auf einige kollektive Phänomene hinweisen, die hemmend wirken können. Diese brauchen die Entwicklung der Schule als professionellen Arbeitsplatz nicht auszuschliessen. Es bedeutet bloss, dass an einigen Schulen sanfter zu Werke gegangen werden muss als an anderen.

4 Schule und Familie

Zwei Gründe haben mich dazu bewogen, mich eingehender mit dem Verhältnis zwischen zwei Institutionen zu beschäftigen, die jede für sich eine Hauptrolle im Aufwachsen von Kindern und ihren Lebensbedingungen spielt. Zum einen ist es so, dass die Entwicklung der Wertgrundlage innerhalb von Familien zum ersten Mal in der Geschichte dabei ist, die der Schule von innen her zu überholen. Zum anderen sind auch viele Parallelen in ihrer Geschichte und Entwicklung bis heute zu finden.

Mit diesem Kapitel möchte ich, dazu beitragen, dass die Polarisierung zwischen Schule und Eltern hoffentlich vermindert werden kann, damit Platz für eine weniger oberflächliche Debatte über die reellen Unterschiede entstehen kann. Der Dozent an der dänischen Lehrerhochschule, Erik Hårkonsson, wies vor einiger Zeit in den Rundfunknachrichten auf die Tatsache hin, dass sich Eltern – in den Augen der Schule – zu wenig darum kümmern, ihre Kinder auf die einzigartige Wirklichkeit an der Schule vorzubereiten. Er schlug deshalb vor, dass schulvorbereitende Kurse für Eltern eingerichtet werden sollten. Diese Aussage ist nicht nur ein typisches Beispiel dafür, wie eine sehr facettenreiche Problemstellung vereinfacht werden muss, um Gehör in den Medien zu bekommen. Der Vorschlag Hårkonssons ist auch ein klassisches Beispiel für selbstherrliches Besserwissen aufgrund der fehlenden Tradition der Schule, Fragezeichen hinter die eigene Wertgrundlage zu setzen.

Ich stimme insofern zu, dass in diesen Jahren viele Kinder in die Schule kommen, welche erstarrt, verwirrt und ohne Fähigkeiten zur Vertiefung sind. Dies geschieht aber nur, weil sie nicht darauf vorbereitet sind, den Anforderungen und gesetzten Normen der Schule zu begegnen. Weil sie eben auf weit entscheidenderen Gebieten vernachlässigt wurden und somit Repräsentanten für den grossen Umbruch sind, der in der Wertgrundlage der Familie geschehen ist. So wie ich den gesunderen Teil der Entwicklung in Familien sehe – nämlich in Richtung grösserer Gleichwürdigkeit – muss sich auch die Schule auf ein Entgegenkommen einstellen und die entscheidende Bedeutung verstehen, die eine gleichwürdige Wertgrundlage sowohl für die Selbstwahrnehmung des Lehrers als auch für das allgemeine pädagogische Denken hat.

Von der totalitären Machtstruktur zur Gleichwürdigkeit

Seit Beginn des Mittelalters – vielleicht auch schon früher – haben Familien als Machtstruktur funktioniert, in welcher Männer die Macht über die Frauen und die Erwachsenen die Macht über die Kinder hatten. Diese Macht war total und umfasste sowohl die sozialen wie auch die politischen und psychologischen Niveaus. Das System war totalitär, es wurden keine Fragezeichen zur Hierarchie gesetzt: Erst der Mann, dann die Frau (wenn keine konfirmierten Knaben vorhanden waren), dann die Knaben und zuletzt die Mädchen. Eine erfolgreiche Ehe beruhte in erster Linie auf der Fähigkeit und dem Willen der Frau, sich dem Mann unterzuordnen. Die Erziehung der Kinder verfolgte das klare Ziel, die Kinder dazu zu bringen, sich anzupassen und mit den Machthabern zu kooperieren.[13]
Die Werte waren totalitär, fehlender Anpassung oder Unterwürfigkeit wurde mit physischer Gewalt und Einschränkungen in der persönlichen Freiheit des Beschuldigten begegnet. Wie in allen anderen totalitären Systemen

13 FAMILIEN nr. 20: „Familiens værdigrundlag" (Vierteljahreszeitschrift herausgegeben vom The Kempler Institute of Scandinavia).

auch entsprach die Abwesenheit von Konflikten dem Ideal, und Verschiedenheit und Individualität standen deshalb nicht hoch im Kurs.

Ende des 19. Jahrhunderts begannen wir, uns für die Kinder als selbständige Existenzen zu interessieren, deren Sein eine Bedeutung für ihr Wohlbefinden und ihre Entwicklung haben könnte. In den Zwanzigerjahren dann fingen Frauen an, ernsthaft auf ihre Existenz aufmerksam zu machen und sie verlangten, ernst genommen zu werden – menschlich, sozial und politisch. Im Laufe der ersten Hälfte des 20. Jahrhunderts wurden Familien allmählich weniger totalitär, doch an der Machtstruktur und der dazugehörenden Wertgrundlage wurde nicht gerüttelt.

Für diejenigen, die sich anpassen konnten, war die Familie ein Ort der Geborgenheit. Für andere, deren Individualität ausgeprägter war als gewöhnlich, waren die tragenden Werte ungemütlich destruktiv. Diejenigen, die Schaden nahmen und Symptome entwickelten, wurden mit der klaren Absicht behandelt, dass eine Wiederanpassung an die Machtstrukturen geschehen müsse. In den (wenigen) Fällen, in denen Eltern bei der Behandlung ihrer Kinder einbezogen wurden, wurden sie aufgefordert, Liebe, Verständnis und Konsequenz zu zeigen, aber nie dazu, die Macht aufzugeben.

Es lässt sich viel über die Familie der guten alten Zeit sagen, aber gesund für das Gedeihen und die Entwicklung des Einzelnen war sie nur ausnahmsweise. Sozial gesehen war sie vorwiegend ein Erfolg. Der Übergang zwischen den identischen Machtstrukturen – zwischen Familien und Schulen zum Beispiel – war unkompliziert, aber gerade unter der sozialen Oberfläche waren Krankheitsprozesse auffällig. Kinder waren automatisch darauf vorbereitet, sich den Normen und Werten der Schule zu unterwerfen, weil sie ganz einfach mit denen der Familie identisch waren oder parallel liefen. Die Geschichte und die Literatur sind voll von Beispielen, welch hohen Preis viele Kinder dafür bezahlen mussten, um lesen, rechnen und schreiben zu lernen.

Die meisten Worte und Begriffe, welche wir noch heute in Zusammenhang mit Erziehung und Pädagogik anwenden, entstammen dieser Wertgrundlage und sind nur dort sinnvoll, wo sie nach wie vor vorhanden sind. Dies gilt z.B. für Einigkeit, Konsequenz, Grenzen, Disziplin und Gerechtigkeit.

Einigkeit: Einigkeit macht bekannterweise stark, und das ist genau das Rationale hinter einer der wichtigsten Botschaften von Machtstrukturen: Es ist wichtig, dass sich die Eltern über die Erziehung der Kinder einig sind.

Man tolerierte zwar ein gewisses Mass an Uneinigkeit, wenn diese ausschliesslich nach dem Zubettgehen der Kinder zum Ausdruck kam. Sobald die Eltern vor den Kindern standen, waren sie zur Einigkeit aufgefordert. Die Begründung war natürlich, dass dies auch das Beste (= das Sicherste) für die Kinder sei, die sonst die Eltern gegeneinander ausspielen würden. Es war immer eine anerkannte Forderung totalitärer Regime, Unterschiedlichkeit zu unterdrücken, der Machthabende musste sich mit Einigkeit (oder Parteidisziplin, gemeinsamer Front, Gleichschritt, Solidarität und ähnlichem) hervortun. Wenn Kinder als eine Bedrohung für den Machthaber empfunden wurden, geschah dies vielleicht deshalb – wenn auch nicht aus Vernunft, so doch aus einer gewissen Logik, bezogen auf die Anforderungen der Eltern, heraus.

Wenn der oberste Machthaber Kinder disziplinierte, be-

dingte dies oft, dass die Mutter nachfolgend Fürsorge beisteuerte. Nicht, um mit dem Vater in bezug auf das gehandhabte Prinzip oder das Erziehungsziel, uneins zu sein. Sie machte den Samariterdienst der Machtstruktur aus, welche sich der Verletzten annahm, aber keine Frage zur Notwendigkeit des Krieges oder der Gerechtigkeit stellte.
Konsequenz: Der Begriff Konsequenz ist verwandt mit dem der Einigkeit und in gleicher Weise notwendig, um die Machtstrukturen unverändert zu lassen. Unterschiedlichkeit löst Konflikte aus, und innerhalb einer Machtstruktur muss die Unterschiedlichkeit anderer als Opposition formuliert werden.
Der Wert von konsequentem Auftreten ist deshalb natürlich ausschliesslich an das konsequente „Nein" geknüpft. Das konsequente „Nein" spielt eine wichtige Rolle, wenn seine Macht zementiert und der Einfluss von Aussen minimiert werden soll.
Konsequenzen: Wenn sie nun nicht tun, wie wir wollen, obwohl wir einig und konsequent sind – welches sollen die Konsequenzen dann sein? Ungeachtet welcher Problemstellung diese Frage entsprungen ist, fällt die Antwort immer innerhalb der gleichen zwei Kategorien aus: Strafe, entweder in Form von etwas, das den Kindern zugefügt oder weggenommen wird. Es gehört nicht zu den Wertgrundlagen der Machtstruktur, dass man auch den Blick nach innen wenden und sein eigenes Verhalten evaluieren kann.
Nur die wenigsten Menschen üben physische Gewalt aus und schränken die Freiheiten Anderer mit einem ganz reinen Gewissen ein. Es bedarf also einer Rechtfertigung der Konsequenzen: Das ist das Beste für dich! Wenn du erwachsen bist, wirst du es verstehen. Du musst lernen, dich

einzuordnen. Wenn du nicht hören willst, musst du fühlen! Es schmerzt mich mehr als dich!
Die grundlegenden Spielregeln wurden so früh wie möglich durchgegeben: „Dein Wille sitzt in meiner Tasche!" – und weg war die persönliche Freiheit. „Kinder sollen gesehen und nicht gehört werden!" – raus mit Ausdrucksfreiheit und rein mit Zensur und Selbstzensur.
Grenzen: Innerhalb einer Machtstruktur muss man unbedingt Gesetze und Ordnung haben; also mussten auch Grenzen um die physische, emotionale und mentale Entfaltung der Kinder herum gesetzt werden. Dieser Teil der Wertgrundlage wurde zur Tatsache ausformuliert, dass es gesund und gut für Kinder sei, gewisse Grenzen zu haben – wofür es keinerlei entwicklungspsychologische Belege gibt. Wahr ist hingegen, dass es für Kinder gesund ist, Erwachsene um sich zu haben, die Grenzen für sich selber setzen können, und dass Eltern und Pädagogen eine persönliche Substanz hinter ihrer Rolle manifestieren können. Die Grenzsetzung war eine der tragenden Elemente der Machtstruktur. So erstaunt es auch nicht, dass sich genau diese Grenzsetzung zu einer der schwierigsten Herausforderungen in der modernen Familie entwickelt hat.
Disziplin: Disziplin ist im Vergleich zu anderen Erziehungsbegriffen von einem ausgeprägten militärischen Charakter und natürlich notwendig, um Konflikte zu vermeiden. Die Disziplin beschreibt die Fähigkeit, sich selber aufzugeben und Auftraggebern zu gehorchen. (Wenn jemand daran zweifeln sollte, was die durchgesetzte Disziplin für die Entwicklung des Menschen zu einem selbständigen und verantwortlichen Individuum bedeutet, der besuche eine der früheren, kommunistischen Diktaturen.)
Im Gegensatz zur Meinung von vielen können sich moder-

ne Kinder durchaus der Disziplin unterwerfen. Was passiert ist, ist dass sie es freiwillig tun – zum Beispiel im Karate und ähnlichem.

Gerechtigkeit: Gerechtigkeit ist eines der bekanntesten Mittel, um das Machtsystem menschenwürdig aussehen zu lassen. Die Erziehung von Kindern bestand zu einem grossen Teil darin, dass man sie korrigierte und kritisierte, wenn sie sich nicht angepasst verhielten (Synonym mit wohlerzogen). Die Philosophie lief in der Praxis darauf hinaus, dass Eltern oder Lehrpersonen dem Kind erklärten, wie falsch ein solches Verhalten war, und dass man die Episode als zufriedenstellend abgeschlossen ansah, wenn das Kind zugab, sich schlecht benommen zu haben und eine Art von Reue zeigte.

In diesem System, in dem jeglicher Konflikt zwischen Erwachsenen und Kindern als Fehlschlag oder mit fehlender Erziehung des Kindes begründet wurde, wurde die Gerechtigkeit als eine Art christliche Richtschnur für den Machthaber eingeführt. Dies führte paradoxerweise oft genug dazu, dass Kinder sich nur an Episoden erinnerten (und dagegen protestierten), in denen sie für etwas beschuldigt wurden, was sie nicht getan hatten. Das generelle – und tief ungerechte – Erlebnis „falsch" zu sein, wurde in den Hintergrund gedrängt, weil es zum Normalzustand verkam.

Der Begriff der Gerechtigkeit begann auch eine Rolle in den Familien zu spielen, in welchen die Eltern es als eine Art Gesetz ansahen, keinen Unterschied zwischen den Kindern zu machen. Sie bekamen die gleiche Belohnung, die gleichen Strafen und die gleiche Erziehung, ungeachtet dessen, wie unterschiedlich sie waren. Auf diese Weise wurde das Recht beliebig und nicht darauf gerichtet, dass jeder das bekam, was er faktisch gebraucht hätte.

Nicht ganz zufällig blieben die zwei Altersstufen, in denen sich die Individualität und die Unterschiedlichkeit der

Kinder am explosivsten entwickelt, auch sprachlich so behaftet, dass diese Ausdrücke die Probleme der Machthaber mehr als nur andeuten. Dies gilt zum Beispiel bei der beginnenden Selbständigkeitsentwicklung von Zwei-Zweieinhalbjährigen, welche mit dem Segen von Pädagogen und anderen Fachpersonen „Trotzalter" genannt wurde. Tatsache war und ist noch immer, dass Kinder sich zu diesem Zeitpunkt ein wenig von der totalen Abhängigkeit der Eltern frei machen und darauf reagieren viele Eltern nach wie vor etwas trotzig. Das Gleiche gilt für die Pubertäts- und Teenagerjahre, welche im Sprachgebrauch besonders mit einem politischen und militärischen Charakter behaftet sind: Revolution, Abtrennung, Aufruhr zum Beispiel. Ich wurde oft aufgefordert, Vorträge über das Thema der Vorpubertät für Eltern von Sechstklässlern zu halten, damit sich diese für die nächsten 5-6 Jahre Guerillakrieg rüsten könnten. Dies aufgrund dessen natürlich, dass die Kinder in „dem Alter" schwierig werden.
Die Pubertät ist eine intra-psychisch psycho-sexuelle Evolution, welche für viele Junge ein hohes Mass an innerer Unsicherheit und Turbulenz mit sich bringt. Dass diese Entwicklung in sich selbst eine Ursache von interpersonellen Konflikten (mit den Erwachsenen) sein soll, ist Unsinn. Die Anzahl dieser Konflikte, und speziell ihre Vehemenz, beruht auf der Fähigkeit und dem Willen der Erwachsenen, ihrer eigenen Rolle in die Augen zu schauen und die Integrität des Kindes in den ersten 3 bis 4 Lebensjahren zu wahren.
In einer Machtstruktur, in der die Erwachsenen das einzige und stabile (d.h. konfliktvorbeugende) Element bilden, muss jegliche progressive Entwicklung notwendigerweise als ein Anschlag gegen das Etablierte angesehen werden. Genau so unterschiedlich wie die Reaktionen von Frauen auf Menstruation und Wechseljahren sind, wurde der Machthaber von jeglicher Verantwortlichkeit für die In-

teraktionen entbunden. Und so platziert man in Teenagerfamilien, rein sprachlich gesehen, die Schuld bei den Jungen und vermeidet damit auf eleganteste Art und Weise, Stellung zu den Verhaltensweisen Erwachsener zu nehmen. Die oben aufgeführte Beschreibung von Werten in der guten, alten Familie ist natürlich sehr mangelhaft. Denn da waren auch zentrale Begriffe wie Gemeinschaft, Gemütlichkeit, Zusammenhalt und Ehrlichkeit. Nur wurden diese Werte nie zu Grundpfeilern in den Familien. Sie galten als Ideale und Ziele, die erreicht werden konnten, wenn man die übrigen Spielregeln einhielt.

Die Wertgrundlage der Schule unterschied sich von der in Familien lediglich darin, dass die gleichen Spielregeln enger waren, weil Gelehrsamkeit und Disziplin die Hauptpfeiler bildeten. Konsequenzen und Strafmethoden waren verschieden, wobei die schulischen praktisch nur funktionierten, wenn es gelang, dass Schule und Heim eine gemeinsame Front gegen das Kind bildeten. In beiden Systemen waren alle basalen menschlichen Qualitäten verpönt. Lehrer, Schüler und Eltern waren fähig, ihre jeweilige Rolle, die darüber entschied, ob man ein guter Mensch war (oder wurde!) oder nicht, so diszipliniert wie möglich zu spielen.

Die demokratische Klammer

Vor rund 25 Jahren, als meine Generation ins gebärfähige Alter kam, haben wir eine Reihe von Ideen erzeugt, die logischerweise ihren Ursprung in den Familien hatten, in denen wir aufgewachsen waren. Der Versuch, eine neue Wertgrundlage zu formulieren, bekam auch eine entscheidende Bedeutung für die Wertgrundlage an Schulen. Vor dem Hintergrund Jahrhunderte langer Unterdrückung kamen Frauen auf die Idee, dass Gleichheit besser sein müsse. Der nachfolgende Kampf drehte sich um Verantwortungs-, Aufgaben- und Rollenverteilung in Familien und um die

ausbildungs- und arbeitsmarktpolitischen Missstände in der Gesellschaft. Eltern, die selber mit Ge- und Verboten erzogen worden waren, kamen auf die Idee, dass Kinder einen Bedarf an Erklärungen benötigten. Die Nachfrage nach Erziehungsmethoden nahm ab, statt dessen wurde die Wichtigkeit betont, Kinder und Jugendliche zu verstehen. Mit Erfahrungen aus der totalitären Machtstruktur in Familien kamen wir auf den Gedanken, dass demokratische Spielregeln besser und auch menschenwürdiger seien. Begriffe wie Mitsprache, Mitbestimmung und Gerechtigkeit wurden zur Ouvertüre für eine neue Wertgrundlage in der Interaktion zwischen Kindern und Erwachsenen.
Das sexuelle Zusammensein zwischen Männern und Frauen wurde mit dem Recht der Frau, dass sie über ihren Körper selber bestimmen könne, bereichert. Und die Medizinindustrie dehnte dieses Recht soweit, dass auch das Entstehen von Leben kontrolliert werden konnte.
Die Überschriften waren politischer Natur, wie der grösste Teil der Terminologien und Rhetoriken auch. Wenn ich als Überschrift für diese Periode die demokratische „Klammer“ gewählt habe, geschah dies auf Grund von zwei Sachverhalten: Zum einen ist, wenn wir auf die Wertgrundlage in Familien schauen, bereits eine neue Entwicklung in Gang. Zum anderen sind die politischen Werte in den interpersonellen Beziehungen nicht tragfähig – weder in Familien noch in Organisationen.
Obwohl die politischen und politisierenden Definitionen von Problematiken zwischen Männern und Frauen und zwischen Erwachsenen und Kindern sowohl logisch wie auch notwendig waren, so eignen sie sich weder zum Beschreiben noch zum Bearbeiten der internen Willkür in Familien. Diese Periode sehe ich, wie erwähnt, nahe ihrem Abschluss und als solche wurde sie zu einer wichtigen Klammer für den Abbruch der alten Wertgrundlage und dem Versuch, eine neue zu schaffen.

Im Verhältnis zu den grundlegenderen Problemen in der Interaktion zwischen Menschen haben Theorien diesbezüglich den Prozess eher gehemmt als gefördert. Mit Ideologien verhält es sich wie mit den totalitären Systemen: Sie vermitteln Geborgenheit und sind sinnvoll für diejenigen, welche sich für sie erwärmen, aber nie für jene, die auf Nuancen bestehen. Die meisten demokratischen Prinzipien können in die Wertgrundlage von Familien eingepasst werden. Dabei führt ein bestimmter Umstand dazu, dass zum Beispiel das Prinzip „Jedem Mann eine Stimme" nicht funktioniert.

Das entscheidende Element in der Gesundheit und Entwicklung sowohl von Kindern wie von Erwachsenen (wie auch einem Leben in einer einigermassen demokratischen und menschenwürdigen Gemeinschaft) ist die Qualität des Interaktionsprozesses, welcher in der Familie gepflegt wird. Ungeachtet der soziologischen Organisation der Familie ruht die totale Verantwortung für die Qualität des Prozesses bei den Erwachsenen. Diese kann weder delegiert noch nach demokratischen Prinzipien geteilt werden. Es kann durchaus darüber abgestimmt werden, wo die Familie die Sommerferien verbringen soll. Nicht aber darüber, wie es jedem Mitglied für sich oder allen zusammen in den Ferien gehen soll. Auf die gleiche Weise kann ohne weiteres ein Schülerrat an Schulen eingerichtet werden, was jedoch nicht bedeutet, dass die Verantwortung der Erwachsenen mit den Schülern geteilt wird.

In Familien entscheidet sich die Qualität des Prozesses durch eine Vielzahl von Faktoren: Der Persönlichkeit und Lebenserfahrungen der Eltern, ihrer Beziehung zueinander, ihrer beziehungsmässigen und individuellen Berg- und Talfahrt, ihrer Perspektive und Lebenshaltung, ihrem Überblick, ihrem Verhalten in Bezug auf Stress und Krisen, ihrer Fähigkeit, Konflikte und Gegensätzlichkeiten aufzunehmen und zu bearbeiten etc.

Kinder haben eine sehr begrenzte Sprache, was Prozesse betrifft, und drücken sich oft „politisch“ zu Themen aus: „Mein Vater und meine Mutter bestimmen immer das Ganze!“ bedeutet in Wirklichkeit oft: „Ich erlebe es nicht so oft, dass meine Eltern mich ernst nehmen.“ Es bedeutet nicht, dass Kinder den Prozess in der Familie nicht beeinflussen. Dies tun sie in hohem Masse. Sie beeinflussen ihn zum Beispiel mit der Kraft ihrer begrenzten Lebenserfahrung und ihrem Überblick, ihrer Logik, ihrer Behinderung, ihrer Sensibilität Konflikten gegenüber, ihrem Drang zur Zusammenarbeit und der Übernahme von Verantwortung für das Wohlbefinden der Erwachsenen, ihrer Lebenskraft und ihrem Einfallsreichtum etc.

Aber Kinder können nicht verantwortlich für die Qualität der Interaktion sein. In Familien, in denen es den Erwachsenen aus verschiedenen Gründen nicht gelingt, die Verantwortung zu übernehmen, gleitet diese automatisch zu den Kindern über und die Auswirkungen auf ihre Gesundheit sind immer katastrophal. Arbeitsaufgaben, Pflichten und praktische Verantwortungsgebiete können an Kinder und Jugendliche delegiert werden. Die übergeordnete Verantwortung für die Gesundheit und Entwicklung innerhalb der Familie liegt vollumfänglich bei den Erwachsenen. Dasselbe gilt für Schulen, Tagesfamilien, Krippen, Horte und andere Kontexte, in denen Kinder und Erwachsene zusammen sind.

Wie auch viele Erwachsene erfahren haben, sind formeller Einfluss und Mitbestimmung nur eine ärmliche Substitution, wenn es darum geht, ernst genommen zu werden. Es besteht sehr oft ein Graben zwischen „Recht“ bekommen – oder eben das bekommen, was man braucht. In gleicher Weise ist Gleichheit im politischen Kontext oft ein mangelnder Ersatz für Gleichwürdigkeit. Der Übergang von Machtstrukturen hin zur demokratischen Familie hat Konflikte und Gegensätzlichkeiten geschaffen, welche ei-

nige Verletzte auf dem Schlachtfeld zurückliess. Der eigentliche Kampf wurde in einer Atmosphäre ausgetragen, welche von Optimismus und dem überzeugten Glauben geprägt war, dass die Zukunft das Ganze wert ist. Das Wichtigste war, den „alten Zopf" abzuschneiden, doch es fehlte oft eine klare Vorstellung vom konkreten Charakter des Neuen. Noch heute sind viele Familien und andere Gemeinschaften von grosser Unsicherheit geprägt und ein wenig verbittert darüber, dass die „neue Familie" nicht mit eingebauten Lösungen für ihre eigenen Probleme geboren wurde.
Es zeigte sich, dass die meisten Schlüsselbegriffe der Revolution von begrenztem Wert waren, oder auch, dass sie zu abstrakt waren, um als Wegweiser im Alltag zu dienen. Neue Phänomene in den Interaktionen der Familien – zum Beispiel die offenen Konflikte – waren nicht zu bewältigen.
Konflikt: Vor dem familiären Hintergrund, in dem die Inexistenz von Konflikten zwischen den Erwachsenen als Ideal galt, und Konflikte zwischen Kindern und Erwachsenen entweder als Ausdruck für Erziehung oder dem Mangel desselben genommen wurden, fehlten der ersten Generation ganz einfach die Rollenmodelle für einen fruchtbaren Umgang mit Konflikten. Deshalb wurde das erste Modell zur politischen Methode des Machtkampfs. Genauso wie Machtkämpfe im politischen Spiel natürlich sind, so sind sie destruktiv für die zwischenmenschlichen Beziehungen. Viele erlebten dies am eigenen Körper. Scheidungen und Ein-Eltern-Familien wurden so zur Gewohnheit wie noch nie zuvor. In Beziehungen zu Kindern lag die Sache etwas anders. Es leuchtete vielen ein, dass die altmodischen Methoden, mit Grenzen und Konsequenzen umzugehen, nicht taugten und so versuchte man, sowohl in Familien wie auch in Schulen zunächst, die Grenzen auszuweiten. Zum Schlüsselwort wurde der Begriff „zumutbar". An beiden

Orten hinterliess die Niederlage der alten Werte ein Vakuum, welches noch heute im Alltag besteht. Was in Wirklichkeit geschah, war, dass die unvernünftigsten der alten Grenzen entfernt und die verbleibenden an den Kanten mit Hilfe von gleichmässiger Aufteilung von Verständnis und Erklärungen etwas abgerundet wurden. Dies führte zur Situation, in der viele Kinder vernachlässigt (manche nennen sie „Grenzensuchende“) und viele Erwachsene attackiert und gekränkt wurden.

Gleichheit: Innerhalb der Familien manifestiert sich der Gleichheitsbegriff primär im Versuch, die alten Geschlechterrollen abzuschaffen, sie zu vermischen und ihnen eine ähnlichere Form zu geben. Speziell in Familien, in denen die Änderung geglückt ist, musste man erkennen, dass Gleichheit wohl als geeigneter Parameter auf praktischer und organisatorischer Ebene taugte. An allen anderen Fronten verhalf die Gleichheit nicht, eine gesündere Balance zwischen Männern und Frauen zu schaffen. Die Verteilung der praktischen Aufgaben in Zusammenhang mit Heim und Kindern beinhaltet an sich nicht die Antwort darauf, wie die Verantwortung, der Überblick und die emotionale „Ökonomie“ geteilt werden können.

In Schulen ist die Gleichheitsproblematik dort angelangt, wo die Begegnung zwischen dem Maskulinen und dem Femininen ein etwas kompliziertes und paradoxes Bild schafft. Die ganze Wertgrundlage der Schule ist nach wie vor typisch maskulin, obwohl die überwiegende Mehrheit der Angestellten Frauen sind. Gleichzeitig werden die Lehrpersonen in grossem Ausmass mit problematischen Schülerinnen und Schülern konfrontiert, denen nur konstruktiv mit Hilfe einer genau abgewogenen Integration der klassischen maskulinen und femininen Werte, begegnet werden kann.

Beispiel

Die erstarrten, verwirrten und nach aussen agierenden (oft gewalttätigen) Knaben stellen ein zunehmendes Problem dar. Sie wohnen oft alleine mit Müttern zusammen und haben einen geringen oder schlechten Kontakt zu ihren Vätern. Ihre Mütter haben typischerweise ein geringes Selbstgefühl und erleben generell, dass intime Beziehungen zu Männern es mit sich bringen, dass sie in ihrer Integrität und Würde gekränkt werden. Sie sind deshalb ausserstande, aus eigener Kraft die persönliche Substanz zu mobilisieren, damit sie ihre eigenen Grenzen setzen. Und ihre Versuche, Grenzen um ihre Söhne herum zu setzen, werden verzweifelt und ineffektiv. Dazu kommt, dass den Söhnen ein nahestehendes maskulines Modell fehlt, mit dem sie sich identifizieren können, denn wie so oft ist es das primitive Maskuline, das sie wiederum negativ inspiriert.
Diese Knaben kommen also mit einem tiefen und wohlbegründeten Misstrauen der weiblichen Autorität gegenüber und mit einem akuten Bedarf an männlichen Modellen in die Schule. Hier treffen sie auf eine überwältigende Anzahl von weiblichen Lehrerinnen, bei denen die Fähigkeit (als Lehrer), ihre persönliche Autorität zu manifestieren, kaum vorhanden ist. Und die zudem in einer Kultur arbeiten, die Respekt vor dem Rollenspiel erwartet, einem Rollenspiel, dessen Leere gerade diese Knaben kennen.

Die gleichwürdige Gemeinschaft

Je nach Familie verläuft die Entwicklung der Wertgrundlage auf eine gleichwürdige Gemeinschaft hin in unterschiedlichem Tempo. Kinder und Jugendliche, welche sich in schulischen Zusammenhängen am problematischsten zeigen, kommen oft aus Familien, die versuchen, an den Werten der Vergangenheit festzuhalten oder welche die

neuen und gesunden Werten nicht adaptieren konnten. Die Volksschule ist mit ihren Wurzeln nach wie vor tief in einer totalitären Machtstruktur, vermischt mit einer gewissen Portion von demokratischen Spielregeln, verankert.
Die Volksschule steht also im Dilemma, welches auf vielfache Weise dem der Familien ähnelt und dieselbe Aufgabe vor sich hat: Nämlich, dass die Erwachsenen bewusst und zielgerichtet mit der Verwaltung ihrer übergeordneten Verantwortung für die Qualität der Interaktionen experimentieren, und zwar so, dass sie sowohl die Gesundheit und die Entwicklung der Kinder wie auch die der Erwachsenen sichert.
Lehrpersonen und auch Eltern müssen erkennen, dass sich diese Experimente über mehrere Generationen erstrecken werden, bevor eine neue Praxis anfängt, sich durch eine eigene Sprache abzuzeichnen und sich eine Perspektive entwickelt, die sich prinzipiell von der unwürdigen Wertgrundlage der Vergangenheit unterscheidet.
In Familien bedeutet dies, dass die Erwachsenen eine gleichwürdige Leitung schaffen, basierend auf den besonderen Beziehungen, welche die Gemeinschaft, geprägt von der Liebe der Mitglieder untereinander, kennzeichnet.
In Bezug auf die Volksschule bedeutet dies, dass sowohl Lehrpersonen wie auch Schulleitungen die verschiedenen Formen für die Leitung entwickeln müssen, wie sie in den folgenden Kapiteln vertieft werden. Formen, die notwendig sind, um ein fruchtbares Lern- und Entwicklungsmilieu, basierend auf sozialen Verträgen, zu schaffen.
Es besteht also ein Bedarf nach einer fachlichen Dekonstruktion – so der postmoderne Ausdruck dafür. Darin können die Lehrpersonen ihre Fachlichkeit und ihre fachliche Identität einer kritischen Überprüfung unterziehen, und danach ein fachliches Selbstverständnis formulieren, welches sie aus der Defensive heben kann. Dies kann nur geschehen, wenn es auf einem regulären Paradigmenwech-

sel aufbaut, der das Verständnis über die Art, wie Kinder (und damit auch Erwachsene) in Familien fungieren, beinhaltet. Und dies auch in anderen sekundären sozialen Zusammenhängen: d.h. zum Beispiel ihren Drang zur Zusammenarbeit mit den konstruktiven und destruktiven Qualitäten in der Interaktion und deren Abhängigkeit von den Fähigkeiten der Erwachsenen, die Hauptverantwortung für den Interaktionsprozess zu übernehmen.
Diese Entwicklung findet in den Familien gut statt und ist auch dabei, in der Gesundheitspflege und in der Kleinkinderpädagogik Fuss zu fassen. Es ist keinesfalls zu früh, dass sich die Angestellten der Volksschule in Position bringen, um kreative Mitautoren der Entwicklung zu werden, zu der sie einen Überfluss an Potenzial haben.

5 Zusammenarbeit zwischen Lehrpersonen und Eltern

Mittlerweile existieren viele Rundschreiben und Absichtserklärungen, welche die Pflicht der Volksschule betonen, eine fruchtbare Zusammenarbeit zwischen Schule und Elternhaus zu etablieren. Der Begriff ist in Bezug auf die Entwicklung der Wertgrundlage insofern interessant, als dass die Zusammenarbeit rein sprachlich als eine Zusammenarbeit zwischen Institutionen mit einem gemeinsamen Objekt definiert ist: das Kind/der Schüler!
Ich weiss aus Erfahrung, dass diese institutionelle Zusammenarbeit in Form von schriftlicher Kommunikation, Vortragsabenden, Ausflügen, Festen u.ä. an vielen Schulen vortrefflich funktioniert und zugleich eines der Gebiete ist, zu welchen die neuen Schulvorstände einen wesentlichen Beitrag leisten.
Mein Anliegen in diesem Kapitel ist zwischenzeitlich ein anderes: Nämlich die Zusammenarbeit zwischen Lehrpersonen und Eltern als Personen. Diese Zusammenarbeit hinterlässt oft Frustrierte, Vernachlässigte und Verletzte auf beiden Seiten. Es sprengt den Rahmen dieses Buches, beratende und wegweisende Gespräche zwischen Lehrpersonen und Eltern zu vertiefen, welche ich an anderer Stelle eingehender beschrieben habe[14]. Aber lasst mich trotzdem ein Beispiel geben:

---

14 Jesper Juul: Familierådgivning – Perspektiv og proces, S. 42-56. 2. Ausgabe, Kopenhagen 1992 (Dt.: Familienberatung. Perspektiven und Prozess, S. 40-46. München 2012).

Das erste Treffen

„Ja, ich muss ja guten Tag sagen und euch an der Schule willkommen heissen. Mein Name ist Marianne Madsen, und ich werde die Klassenlehrerin eurer Kinder in der ersten Klasse sein. Wie ihr sicher mit mir einig seid, ist es ja sehr wichtig, dass die Kinder einen guten Start hier bekommen, wo sie nun richtig zur Schule gehen. In der heutigen Zeit, wo der Prüfungsdurchschnitt wichtig ist, um in der Schule mitzukommen, ist es vielleicht dennoch wichtiger, dass die Kinder die Schulzeit als etwas Wichtiges im Alltag erleben ... Wie ich wahrscheinlich schon gesagt habe, werde ich die Klassenlehrerin eurer Kinder sein – auf jeden Fall in der ersten Klasse – und es ist ja auch immer eine Herausforderung, die sein zu müssen, welche ihnen einen guten Start geben muss ... Hier an der Schule finden wir, dass es sehr wichtig ist, eine gute Zusammenarbeit mit den Eltern der Schüler zu haben – wir müssen auch daran denken, dass wir heute Abend zwei Elternvertreter wählen müssen, also wenn jemand von euch dazu Lust hat, so könnt ihr euch gerne melden, wenn ich dazu auffordere. Wie gesagt, legen wir viel Wert auf eine gute Zusammenarbeit mit den Eltern, somit will ich gerne sagen, dass ich das auch hoffe, dass ihr das auch findet ... Ja, und dann finde ich, dass wir auf den Stundenplan der Kinder schauen sollten ..."

Was kann rein prozessual zu einer solchen Begrüssung gesagt werden? Ja, sie versucht auf jeden Fall freundlich, informativ, zugänglich und korrekt zu sein, und sollte auch als solches eine ausgezeichnete Ouvertüre für die Zusammenarbeit der kommenden zehn Jahre sein. Nur bei einer etwas genaueren Betrachtung sehen wir, dass sie mehrheitlich aus einer Vielzahl an leeren Phrasen und sozialen Klischees besteht. (So besteht zum Beispiel ein grosser Unterschied zwischen dem willkommen geheissen werden

von jemandem, der faktisch „willkommen“ sagt und es so meint – und jemandem, der sagt, „ich möchte euch willkommen heissen“, es aber nicht authentisch ausspricht). Die eingebauten Versprechen um Kontaktnahme und Zusammenarbeit bleiben deshalb unglaubwürdig.
Das eigene Erlebnis der Lehrperson wird eine Art Erleichterung darüber sein, ihre Pflicht geleistet zu haben, ja auch eine gewisse Zufriedenheit damit, sich nicht formell verwirrt aufgeführt zu haben und nicht sichtbar nervös gewesen zu sein. Das Erlebnis der Eltern wird von Distanziertheit und einer Mahnung dafür geprägt sein, dass es in der Schulwelt am Wichtigsten ist, seine Rolle korrekt zu spielen und sich nicht durch irrationale Gefühle leiten zu lassen. Zwischen den Zeilen haben sie bereits verstanden, dass „wir hier anständig miteinander sprechen“, „wir einander nicht unterbrechen, wenn wir sprechen“ und „wir alle die grosse Verantwortung verstehen, welche auf uns lastet“.
Das ist korrekt, langweilig, konzipiert und zum Gähnen berechenbar.
Die Alternative: „Hallo und willkommen! Ich heisse Marianne Madsen, und ich werde die Klassenlehrerin eurer Kinder sein. Ich bin es auch, die dafür sorgen wird, dass ihr euch am ersten Elternabend willkommen fühlt. Bevor ich aber damit beginne, möchte ich gerne hören, wie ihr heisst, wessen Eltern ihr seid und wer sonst noch zu eurer Familie gehört.
Herzlichen Dank. Es ist mir immer eine Hilfe, wenn alle etwas gesagt haben. Damit bin ich etwas weniger nervös. Und jetzt will ich gerne versuchen, euch etwas über mich selber zu sagen, damit ihr ein Gefühl dafür bekommt, wer ich bin und wofür ich einstehe. Wie gesagt heisse ich Marianne, und privat bin ich mit Claus verheiratet, welcher in der technischen Verwaltung im Rathaus arbeitet. Wir haben zwei Kinder – ein 20jähriges Mädchen, welches be-

reits von zuhause ausgezogen ist, und Kristoffer, 13jährig, der die siebte Klasse der Alléschule besucht.
Ich habe mir einige Gedanken darüber gemacht, wie es für mich ist, Lehrerin zu sein. Lasst mich auf meine zwei wichtigsten Funktionen als Lehrperson eingehen: Die eine ist die Kinder zu unterrichten und dabei darauf zu achten, ob diese gedeihen und etwas lernen und die andere, mit euch in verschiedenen Belangen zusammenzuarbeiten.
Um mit dem Zweiten zu beginnen: Wir haben eine eher formelle Schule-Elternhaus-Zusammenarbeit. Das bedeutet, dass wir heute Abend zwei Elternvertreter wählen müssen, welche bereit sind, mir und anderen Lehrpersonen beim Organisieren von Elternmeetings und anderen gemeinsamen Aktivitäten behilflich zu sein. Ich rechne damit, dass einige von euch sehr interessiert und aktiv sind, und dass andere sich besser dabei fühlen, abzuwarten und zu beobachten. Selbstverständlich ist es wichtig, dass wir diejenigen wählen, die in erster Linie Mut in dieser Sache haben.
Am Schwierigsten ist es für mich, mit den Eltern zusammenzuarbeiten, deren Kinder sich nicht so gut entwickeln oder nichts lernen – oder auch beides. Meine Erfahrung zeigt mir, dass ich mit einem Teil von euch in den kommenden zehn Jahren in diese Situation kommen werde. Deshalb möchte ich mich, wie auch euch, gerne darauf vorbereiten. Dass wir alle zusammen das Beste für alle Schüler wollen, das haben wir gemeinsam, da besteht nicht viel Grund, darüber zu sprechen. Ich glaube tatsächlich, dass es uns Lehrpersonen genau so geht wie den Eltern: Ihr erzieht eure Kinder so gut und richtig, wie ihr nur könnt. Ihr könnt und rechnet anderseits damit, Kinder zu bekommen, welche gedeihen und sich entwickeln und sich gut im Leben zurecht finden können. Ich unterrichte sehr gerne (die meiste Zeit jedenfalls), und versuche es so gut zu machen, wie ich nur kann. Anderseits rechne ich damit,

dass die Kinder das lernen, was sie müssen, und dass sie anständig mit mir umgehen. Davon gehe ich immer aus, auch wenn ich durchaus weiss, dass es nicht immer gelingen wird.
Meist fällt es mir bei einigen Kinder in einer Klasse schwer, mit ihnen umzugehen und sie gleich gut zu behandeln, wie sie behandelt werden müssten. Kinder sind nicht identisch, und ich bin keine Maschine! So wie sich die meisten Eltern erfolgreich fühlen, wenn ihre Kinder zufrieden und wohlerzogen und hilfsbereit sind, mag auch ich sofort die Kinder am besten, welche gerne in die Schule gehen. Und so wie Eltern es nicht mögen, als schlechte Eltern bezeichnet zu werden, sind auch wir Lehrpersonen Kritik gegenüber ein wenig dünnhäutig. Dies sage ich nicht, um euch zum Schweigen zu bringen, sondern um euch daran zu erinnern, dass wir auch Menschen sind. Wir machen auch Fehler und stellen uns manchmal dumm an. Wenn ihr erlebt, dass euer Kind schlecht oder falsch behandelt wird, seid ihr mehr als willkommen, mich oder die betreffende Lehrperson zu kontaktieren. Wir wissen viel über das Unterrichten von Kindern. Aber ihr seid es, die den Finger am Puls für den Rest ihres Lebens habt, und somit haben wir speziell in den ersten Schuljahren einen grösseren Bedarf an Kontakt mit euch und an eurem Wissen über die Kinder – als ihr an uns ...“

Kommentar

Hier treffen Eltern eine Lehrperson, die mehr damit beschäftigt ist, als fassbarer Mensch aus Fleisch und Blut, als durch korrektes Auftreten hervorzutreten. Da sie beim ersten Treffen auch Gastgeberin ist und die Prinzipien und den Geist vermittelt, der die Zusammenarbeit der nächsten zehn Jahre aufbauen wird, hat sie damit auch die Eltern zur Teilnahme an der Zusammenarbeit als die Menschen eingeladen, die sie nun sind. Sie sind nicht mit unrealisti-

schen Erwartungen belastet worden, dass sie ihre soziale Rolle als Eltern mit verstellter Perfektion spielen müssen.
In diesem Beispiel habe ich versucht, die Worte in den Mund einer erfahrenen Lehrperson zu legen, und es würde natürlich anders tönen, wenn sie von einer jüngeren und weniger erfahrenen Kollegin kommen würden. Dennoch sind es nicht nur die Worte (der Inhalt), welche über die Qualität des Kontaktes entscheiden. Das Entscheidende ist, dass die Worte und der Ton den Sprechenden so nuanciert und ehrlich wie möglich repräsentieren.
Wieso jetzt das? Was soll dabei sein, den anderen Teil der Wirklichkeit zu betonen: dass die Lehrperson ja auch in ihrer mehr formellen Rolle als amtliche Person und kommunale Verwalter von den Gesetzen und Rundschreiben, welche zur Schule gehören, anwesend ist? Um die Frage zu beantworten, muss ich etwas näher auf die Rolle der Lehrperson als „Gastgeber" eingehen. (Ich ziehe den Gastgeberbegriff dem des eher technischen Titels „prozessverantwortlicher Gruppenleiter" vor).

Der Lehrer als Gastgeber

Als Repräsentant jeder offiziellen Organisation ist man automatisch auch der verlängerte Arm der Gesellschaft, unabhängig davon, welche Haltung oder Meinung als Bürger zu den aktuellen Machthabern besteht. Allein deshalb hat die Lehrperson die Hauptverantwortung für die Qualität der Interaktion. Ausserdem können wir hinzufügen, dass viele Eltern nach wie vor unterwürfig in der Schule ihrer Kinder erscheinen, in Erinnerung an die Demütigungen ihrer eigenen Schulzeit, oder bis auf die Zähne bewaffnet, mit der Erwartung, eine feindliche Übermacht anzutreffen – was in Wirklichkeit keinen Unterschied macht. Auch die möglichen Gefühle der Lehrperson von Machtlosigkeit, Unsicherheit oder Minderwertigkeit weichen dieser Über-Verantwortung nicht.

Verantwortlich für die Qualität des Interaktionsprozesses zu sein bedeutet, diejenige Person zu sein, welche die Hauptverantwortung für den Ton, die Stimmung und die Atmosphäre trägt. Diese Verantwortung kann unter keinen Umständen erfolgreich wahrgenommen werden, wenn der Verantwortliche sich aufplustert und „spielt". Je mehr man – freiwillig oder unfreiwillig – versucht, sich bedeutungsvoll zu machen, desto weniger wertvoll wird man. Die Verantwortung kann nur in dem Umfang wahrgenommen werden, wie die Lehrperson im Stande ist, ihre Leitung in einem exemplarischen Verhalten umzusetzen – also damit, ein gutes Beispiel zu sein.
Versucht die Lehrperson zum Beispiel, ihre Leitung dadurch auszuüben, so „korrekt" wie möglich zu sein, wird unvermeidlich folgendes geschehen:
Korrektheit ist eine Fassade, welche nur die Funktion hat, die Lehrperson auf der formellen Ebene unantastbar zu machen. Für einige Menschen ist diese Form von Korrektheit eine Lebensform, aber glücklicherweise ist sie dies für die meisten Lehrpersonen nicht. Für die Lehrperson ist sie eine Art Schutzkostüm, welche vorzugsweise vor fehlendem Selbstgefühl und der Unsicherheit und Verletzbarkeit schützen soll, welche sie so oft bei Treffen mit Eltern erlebt hat. Diese doppelte Botschaft – ich bin verletzbar und unangreifbar – wirkt immer provozierend auf die Umgebung.
Korrektheit und Ordentlichkeit sind durchschaubare Schutzkostüme. Die Umgebung wird die Persönlichkeit dahinter deutlich wahrnehmen. Aber da der Lehrer als prozessverantwortlicher Leiter derjenige ist, der den Ton setzt, werden sie über weite Strecken zusammenarbeiten: d. h. dass sie auch so tun, als ob ihre Persönlichkeit nicht existieren würde, und sie versuchen, ihre eigene verborgen zu halten. Dieses Rollenspiel kann nicht durchgeführt werden, ohne dass das Resultat frustrierend für beide Par-

teien wird. Dieses ist genau aus den Gründen entstanden, die zutiefst persönlich sind: Eltern sind mit etwas so Irrationalem und Persönlichem wie der Liebe zu ihren Kindern anwesend und die Lehrperson mit ihrer Profession, welche die innerste Substanz und nobles Wirkmittel seine persönlichen Qualitäten sind.

Die Lehrperson wird unumgänglich gespalten und frustriert aus diesem Treffen gehen. Wenngleich vielleicht auch mit der kleinen Befriedigung, dass es zu keinen offenen Konflikten kam, was man als schäbigen Massstab für Erfolg nehmen muss. Die Frustration wird einen Teil der Eltern in formelle Passivität versetzen, bei einem anderen Teil wird indirekt Aggression geweckt werden. Nicht selten ist das Resultat, dass es die selbstherrlichsten und destruktivsten Eltern sind, welche das Treffen auf der inhaltlichen Seite dominieren.

Es lassen sich weit fruchtbarere Arten finden, Elternabende abzuhalten. Diese kann man aber weder als Punkte auf der Tagesordnung beschreiben noch grafisch darstellen. Trotz äusserlicher Ähnlichkeiten werden sie genau so unterschiedlich wie die einzelnen Gastgeber sein und können nur gelingen, wenn die Gastgeber über eine bewusste Rückendeckung aus ihrem professionellen Milieu verfügen. Ich werde später die Grundelemente eines solchen Milieus erläutern und hier bloss die Gelegenheit nutzen, ein Detail hervorzuheben.

Elterntreffen sind die Treffen der Lehrpersonen mit den Eltern, in welchen die Lehrperson die Eltern einlädt, sich innerhalb ihres Arbeitsplatzes zu orientieren, zu diskutieren, zu beraten, zu korrigieren und zu planen. Es sind nicht die Treffen der Eltern, an denen es den Lehrpersonen gestattet ist, beizuwohnen.

Elterntreffen sind somit ganz formell ein Ort, wo der Lehrer der Gastgeber und darüber hinaus auch der „Boss“ ist. Dieses Faktum verschwimmt viel zu oft (von beiden Seiten her) aus unklaren Vorstellungen über Demokratie und Miteinflussnahme heraus.

Beispiel

Beim ersten Elterntreffen in der ersten Klasse sagt die Lehrerin: „Wir haben hier in der Schule die Tradition, eine Adress- und Telefonliste zu machen. So ist es für die Eltern einfacher, miteinander in Kontakt zu kommen – und ich hoffe, ihr seid damit einverstanden." Alle nicken zustimmend, ausser Karens Vater, welcher empört darlegt, dass er und seine Familie auf Grund ihrer Zugehörigkeit zu einer religiösen Sekte in eine neue Gemeinde ziehen mussten, und jetzt darauf angewiesen sind, eine geheime Adresse und Telefonnummer zu haben. „Ich finde es gar nicht gut, dass man kein ungestörtes Privatleben haben kann", ertönt seine abschliessende Antwort.
Die Lehrperson versucht es erneut: „Ja, wir müssen uns ja irgendwie einig sein, und ich glaube doch nicht, dass du davor Angst haben musst, dass jemand hier ... Und das würde es ja für dich vereinfachen, wenn deine Tochter bei jemandem aus der Klasse zu Besuch ist und du aus dem einen oder anderen Grund ..."
Der Vater unterbricht, nun in seiner Empörung bestärkt: „Meine Tochter besucht niemanden! Auf Leute wie wir wird immer herabgesehen, und wir wollen uns nicht damit abfinden, dass Informationen über unser Privatleben einfach so herumfliegen."
Die Lehrerin versucht es mit einem Kompromiss und schlägt vor, dass eine Liste geschrieben wird, auf der die Familie von Karen nicht erscheint. Doch auch da stürzt sich der Vater wie ein Habicht drauf: "Und so soll sich meine Tochter also anders als die anderen fühlen!"
Die Lehrerin gibt auf und stellt klagend fest, dass so keine Liste gemacht werden kann. Keiner sagt etwas. Nächster Punkt – schnell! – weil das Schweigen jetzt peinlich ist.

Kommentar

Karens Vater muss nicht ansatzweise ein paranoides Mitglied einer religiösen Sekte sein und die Macht über ein Elterntreffen übernehmen. Er könnte genauso gut im Glauben eingespurt sein, dass mehr Hausaufgaben in den unteren Klassen die Volksschule von einer ineffektiven Institution, welche von pädagogischen Weicheiern unterwandert ist, in eine verwandeln würde, die das Erwerbsleben repräsentiert und wofür er einen gewissen Respekt bekommen könnte. Der Inhalt spielt dabei keine Rolle.
Es spielt dagegen eine ungeheuer destruktive Rolle, dass die Lehrperson in dieser Situation den Begriff der Mitwirkung in den falschen Hals bekommen hat. Ihre Rolle als Gastgeberin hat dazu geführt, dass nun jeder laut rufende Sonderstandpunkt und jedes destruktive Verhalten sich der zukünftigen Elterntreffen bemächtigen kann. Gleichzeitig hat die Lehrperson die Paranoia des Vaters zu einer selbsterfüllenden Prophezeiung gemacht, welche seine Tochter ebenfalls beeinflussen wird.
Wenn sie bei sich geblieben wäre und ihre Profession und ihre Rolle als Gastgeberin ernst genommen hätte, dann hätte sie bestimmt, dass das Resultat diese Liste mit Karens Familie wäre. Sie hätte die bürgerlichen Rechte von niemandem gekränkt, und die übrigen Eltern hätten sich geborgen gefühlt und Vertrauen in ihre Leitung erhalten.
Wir müssen hier unterstreichen, dass die übergeordnete Verantwortung für die Qualität nicht nach aussen delegiert werden kann und nicht die allgemeinen demokratischen Spielregeln umfassen darf. Obwohl die Eltern in der Überzahl waren, haben sie weder die gleiche Verantwortung noch die Macht über den Prozess. Was war dann mit Karens Vater? Er bekam die Macht über den Prozess (und den Inhalt). Ja, die bekam er nur, weil die Lehrperson ihre Verantwortung liegen liess.

Wenn diese sozialpsychologische Realität so aufdringlich wurde, geschah es primär, weil der Status der Schule als autoritäre Machthierarchie abhanden gekommen ist. Vor nur einer Generation konnten die Lehrpersonen entkommen, indem sie die Machtausübung synonym mit Verantwortlichkeit machten. Das geht nicht mehr. Da gehören ganz andere Qualitäten dazu, wobei die Ausübung der formellen Demokratie nur einen kleinen Teil ausmacht.
Aus all den einzelnen Phänomenen, die dieses Buch umschreibt, ist das vielleicht das Wichtigste: Dass alle Ebenen in der Hierarchie der Schule die Existenz dieser Verantwortung für den Prozess anerkennen und deren Notwendigkeit auf sich nehmen. Ungesehen wie viel Macht und Einfluss Eltern im Verhältnis zur Inhaltsdimension der Schule bekommen, wird diese Gesamtverantwortung immer auf den Angestellten ruhen. Letzten Endes wird die Prozessdimension immer die Inhaltsdimension fördern oder blockieren können.
Wenn die Lehrpersonen ihre Fähigkeiten, Prozesse zu sehen und zu leiten, entwickeln sollen, so wird dies einen soliden Rückhalt der Schulleitung und der Kollegen erfordern. Ein solcher Rückhalt wird meiner Erfahrung nach sogar eine sehr willkommene Alternative zu dem kollegialen Solidaritätsbegriff darstellen, welcher während vieler Jahre die Kultur der Schulen dominiert hat. Einer Form von Solidarität, welche aus gleichen Teilen aus unproduktivem Geschwätz und kopflosem Rückhalt nahezu jeglicher Form von unangemessenem fachlichem und persönlichem Verhalten besteht. Dieser defensive Solidaritätsbegriff tut nichts anderes für die Kultur der Schule, als an der Mittelmässigkeit festzuhalten und die Angst und die Unsicherheit im Verhältnis zur Welt ausserhalb zu stärken.

6 Zusammenarbeit zwischen Lehrpersonen und Schülern

Es ist ein allgemeiner Irrglaube, dass Lehrpersonen über ein besonderes Geschick im Umgang mit Kindern verfügen. Das haben sie in der Regel nicht. Die Lehrerausbildung beinhaltet einen Discount-Rundgang durch einige entwicklungspsychologische Theorien, darüber hinaus wird in der heutigen Zeit primär die pädagogische Psychologie gebraucht. Da die Lehrerausbildung ja eine Grundausbildung ist, besteht kein Grund, jemanden dafür zu kritisieren. Man sollte sich bloss daran erinnern, dass die kommenden Lehrpersonen nicht automatisch mit der ausreichenden Einsicht und den Fähigkeiten ausgerüstet werden, Kindern konstruktiv auf der allgemein menschlichen Ebene zu begegnen.

Lehrpersonen der Volksschule haben in der Zwischenzeit etwas anderes, das mindestens so wertvoll ist: nämlich eine Vielzahl an Erfahrungen mit Kindern. Beim Grossteil dieser Erfahrungen handelt es sich aus guten Gründen mehr um die Rolle der Kinder, welche unterrichtet werden, als von deren Sein oder Existenz. In diesem Punkt unterscheiden sich die Lehrpersonen nicht von anderen Fachgruppen, welche eine ähnlich unglückliche Tradition haben, zu Rollen statt zu Menschen zu stehen. Diese Ungleichheit in der Fokussierung und die Sammlung von Erfahrungen sind ebenso verständlich wie unangemessen. Denn es ist mit Lehrpersonen und Schülern genauso wie mit Klienten und Psychologen, Ärzten und Bewohnern von Pflegeheimen: Die Qualität ihres Seins ist der entscheidendste Faktor dafür, wie sie ihre Rolle ausfüllen. Die Schule hat eine lange Tradition, sich widerwillig zur Existenz der Kinder, zum Gemeinsam-Menschlichen, zum „ganzen“ Menschen zu verhalten – oder wie man dies nennen will. Man hat im Verlaufe der Zeit verschiedene Entschuldigungen für diese partielle Blindheit gehabt, welche ja auch eine Art von Sanktion ist. So ist es nicht überraschend, dass die allgemeinste Entschuldigung zur Zeit „Ressourcenmangel“ ist. Dieser ist offenbar genau so allgemein akzeptiert, wie er absurd ist. Es kostet nicht mehr, als einander in die Augen zu sehen. Im Gegenteil! Je besser man im Stande ist, mit beiden Augen zu sehen, desto produktiver wird der Unterricht. Desto weniger soziale und psychische Probleme werden auf beiden Seiten des Pultes entstehen.

Prozess und Unterricht

Die Kultur der Volksschule ist durchdrungen von einer falschen Vorstellung, welche genau so alt ist wie die Schule selbst. Diese geht davon aus, dass soziale Probleme in der Klasse und die psychosozialen Probleme des einzelnen Schülers unwillkommene Fremdelemente darstellen. In der guten alten Zeit wurden diese aus dem Unterricht entfernt oder mit physischer Gewalt im Schach gehalten. In der heutigen Zeit werden sie entweder an Spezialisten überwiesen oder widerwillig als notwendiges Übel toleriert.
Diese falsche Vorstellung ist genau so destruktiv für Lehrpersonen wie für Schülerinnen und Schüler und hat in der Humanisierung der Schulkultur der letzten dreissig Jahre mit sich geführt, dass dies sich in einigermassen gleichem Umfang auf beide Parteien erstreckt.
Es ist so, dass diese falsche Vorstellung u.a. vom individualistischen Menschenbild unterstützt wurde, das zum Glück seit Langem verjährt ist. Ein Menschenbild, welches auch einen Unterschied zwischen Kindern und richtigen

Menschen machte. Wir können es deshalb mit unserem jetzigen Wissen über die Bedeutung von interpersonellen Prozessen in Bezug auf die Entwicklung und das Wohlbefinden der Menschen ersetzen. Mit diesem Wissen können wir auch Phänomene wie zum Beispiel das der „schlechten Lehrperson“ und das der „unmöglichen Klasse“ abschaffen. Keine dieser Phänomene ist in Wirklichkeit vorhanden und deshalb war man bis heute ausser Stande, etwas Konstruktives damit anzustellen.
Es gibt nur fruchtbare und unfruchtbare Interaktionsprozesse. Unsere Art, uns auf die Interaktion mit anderen Menschen einzulassen, kann insofern gesund sein, als dass sie die konstruktivsten Qualitäten der beiden Parteien aktiviert. Oder sie kann ungesund sein und die destruktivsten Qualitäten aktivieren. Im Bezug darauf ist es wichtig, sich zwei Punkte vor Augen zu halten:

- Nur die wenigsten von uns sind nach der Erziehung und Ausbildung im Stande, eindeutig fruchtbare Interaktionen mit den vielen verschiedenen Menschen, denen wir begegnen, einzugehen.

- In der Interaktion zwischen ebenbürtigen Erwachsenen trägt jeder 50% der Verantwortung für die Qualität des Prozesses. In Beziehungen zwischen Kindern und Erwachsenen tragen die Erwachsenen die volle Verantwortung.

Kinder und Jugendliche entwickeln sich oder leiden unter der Qualität des Prozesses oder dem Mangel an Qualität, aber sie haben weder die Einsicht in noch das Verständnis für Prozesse. Sowohl in Familien wie auch in Schulen und Tagesinstitutionen sind Kinder auf Gedeih und Verderb Opfer der Prozesse, deren Qualität die Erwachsenen bestimmen und ihr Verhalten darauf basieren. Ob die Er-

wachsenen diese Verantwortung anerkennen oder nicht, und ob das Gedeihen der Erwachsenen bewusst oder unbewusst geschieht, ist ohne Bedeutung.
Lehrpersonen sind also auch in dem Sinne Gastgeber in der Beziehung zu Kindern und Kindergruppen, dass sie nicht nur den Rahmen und die Inhalte bestimmen, sondern auch für die Wachstumsbedingungen verantwortlich sind.
Es herrscht kaum Zweifel darüber, dass die weitere didaktische und pädagogische Entwicklung auch zukünftig für die Motivation der Kinder und die fachlichen Resultate des Unterrichts von Bedeutung sein wird. Aber selbst eine noch so fortschrittliche Didaktik schafft und entwickelt kein Fundament, auf welchem der Unterricht aufbauen kann. Es ist auch richtig, dass ein Teil Unruhe, Unzufriedenheit, Langeweile und Aufsässigkeit mit diesen Mitteln kuriert werden können, aber nur auf der Oberfläche.
Folgende sehr verschiedenen Phänomene aus dem schulischen Alltag sollten die Bedeutung der professionellen Dimension illustrieren können.

Beispiel I

Die 6b hatte sich seit Mitte der 5. Klasse zu einer typisch „unmöglichen Klasse“ entwickelt. Wie immer bestanden Unterschiede in der Wahrnehmung der Klasse bei den einzelnen Lehrpersonen, aber generell war man sich darüber einig, dass die Kinder undiszipliniert, unruhig, unmotiviert und schlicht und einfach eine lästige Bekanntschaft für die Lehrpersonen darstellten, welche etwas mit ihrem Unterricht erreichen wollten. Es dauerte mittlerweile mindestens eine Viertelstunde, bevor sich die Kinder in die Klasse begeben und an ihre Plätze gesetzt hatten. Jedes Mal, wenn die Lehrpersonen versuchten, wichtige Themen zu präsentieren, trafen sie auf eine massive Mauer aus Widerwillen und Kritik. Es bestand ein konstantes Rivalisieren in der Mädchengruppe, und dies obwohl die artigsten

Schülerinnen mittlerweile die Flinte ins Korn geworfen hatten. Die Lehrpersonen hatten an einigen Elterntreffen auf die Probleme aufmerksam gemacht und auf traditionelle Weise die Eltern ersucht, die Kinder in die Schule zu bringen. Nichts half. Alle Parteien wurden immer frustrierter und beschuldigten sich gegenseitig, die Ursache für das Problem zu sein.

Die Situation spitzte sich allmählich so zu, dass man eine pädagogisch-psychologische Beratung um Hilfe bat. Ein Schulpsychologe sprach danach separat mit den Kindern und den Lehrpersonen. Das Resultat dieser Interviews wurde an einem extra einberufenen Elterntreffen vorgestellt, an dem die Kinder mit dabei waren. Die Untersuchung wies auf, dass die Lehrpersonen meinten, dass das Problem an der negativen Einstellung und dem schlechten Benehmen der Schülerinnen und Schüler lag. Zur Überraschung aller fanden das die Kinder auch. Die Kinder gingen sogar einen Schritt weiter, indem sie als Lösung vorschlugen, dass die Lehrpersonen mehr Steuerung übernehmen und strenger werden sollten. Die Reaktion der Eltern war eine Mischung aus Beleidigung, da sie nicht interviewt wurden, und frustrierter Aggression gegen die Lehrpersonen, die doch auch ein paar Fehler haben müssten sowie einer grossen Portion von individuellen Schuldgefühlen darüber, dass sich ihre Jugendlichen so unmöglich gebärdeten.

Soweit so gut!

Es hatte sich eine unglückliche Kultur entwickelt und die verantwortlichen Erwachsenen hatten um Hilfe gerufen. Man hatte eine unabhängige Untersuchung in Gang gesetzt und durchgeführt und das Resultat den involvierten Parteien vorgelegt – und dann traf die Katastrophe ein!

Nachdem die Versammlung einige Minuten von ratloser Passivität geprägt war, ergriff eine der Lehrpersonen das Wort und sagte: „Ich möchte gerne etwas zu euch Schülerinnen und Schülern sagen: Ich finde es gut zu hören, dass wir uns trotz allem einig sind. Ich möchte vorschlagen, dass wir alle nochmals frisch starten. Darum haben wir Lehrpersonen die Dinge niedergeschrieben, über die wir uns einig sind." (Die Lehrpersonen hatten natürlich ein vorausgegangenes Treffen mit dem Schulpsychologen gehabt, so dass sie wohlvorbereitet und verantwortungsbewusst auftreten konnten!) Sie präsentierte danach ein „Dokument", welches in wohlgeordneten Punkten vorschlug, worüber sich alle Parteien scheinbar einig waren. Das Dokument wurde herum gereicht und von allen Lehrpersonen und Schülerinnen und Schülern unterschrieben. Die erwartete Erleichterung in der Stimmung blieb aus.

Kommentar

Das Katastrophale war, dass das Problem ausschliesslich im Verhältnis zur Inhaltsdimension untersucht und bearbeitet wurde. Das Resultat war, dass der Anteil und die Verantwortung für die destruktive Interaktion der Lehrpersonen ignoriert und die Antwort der Kinder als zu angeberisch aufgenommen worden war. Das Letztere ist eine Falle, in welche viele Eltern und Lehrpersonen im Laufe der Jahre getappt sind, indem sie versucht haben, die Rechte und die begrenzte Mitsprache der Kinder ernst zu nehmen.
Das Missverständnis beruht vornehmlich auf mangelndem Wissen darüber, dass Kinder keine Sprache für die Prozesse haben, deren Opfer sie sind. Mit wenigen Ausnahmen können die Kinder nur über Inhalte sprechen, deshalb muss ihre Antwort in die Prozesssprache übersetzt werden, welche sie repräsentieren, und welche Sinn macht.

Beispiel

Viele Kinder und Jugendliche sagen über ihre Eltern: „Sie bestimmen immer alles!" Für viele moderne Eltern, die ernsthaft versuchen, einige demokratische Ideale in ihrer Familie festzulegen, tönt diese Behauptung sowohl falsch als auch unfair. Und das ist sie, auf diese Weise betrachtet, auch. Das Kind ist nicht darauf aus, seine Eltern anzuklagen, diktatorisch und absolut zu handeln. Es versucht nur, seinen Eltern mitzuteilen, dass es sich oft nicht ernst genommen fühlt, was sich davon unterscheidet, seinen Willen nicht zu bekommen.

Eine Übersetzung der Antwort auf die Frage der Klasse 6b des Schulpsychologen hätte ungefähr so geklungen: „Wir finden, dass uns die Lehrer nicht ernst nehmen, wenn wir mit unserem schlechten Benehmen versuchen, ihnen zu sagen, dass wir uns mit ihnen zusammen schlecht entwickeln. Es ist nicht, weil wir nichts lernen wollen. Und wir finden auch nicht nur, dass sie dumm sind. Faktisch wissen wir nicht ganz warum, und deshalb brauchen wir einige Erwachsene, die auf uns hören wollen und uns damit helfen, dies heraus zu finden. Wir wissen nur, dass je länger es dauert, wir uns immer falscher fühlen – und je schlimmer werden wir uns benehmen."

Kommentar

Nicht wahr! So sprechen Kinder einfach nicht. Und genau deshalb brauchen sie Erwachsene um sich herum, damit sie im Verlaufe ihres Aufwachsens eine persönliche Sprache entwickeln können, welche ihnen die Möglichkeit gibt, sich in der Interaktion mit anderen Menschen behaupten zu können. Es nützt nichts, dass sich die Erwachsenen in einer solchen Situation bloss zu Sprechern für eine Art Pfadfindermoral machen, welche die oberflächliche Botschaft beinhaltet: „Jetzt wissen wir, dass wir etwas falsch gemacht haben, und dann machen wir es auch nicht mehr, nicht wahr?!"

Als sich die 6b zu einer so genannt unmöglichen Klasse entwickelt hatte, waren die Lehrpersonen auch nicht

schuld. Es war nicht so, dass sie schlechte Lehrpersonen waren, die Kinder nicht leiden konnten oder sie ernsthafte persönliche Probleme hatten. Es war ausschliesslich so, dass sie sich ihrem übergeordneten Einfluss auf und ihrer Verantwortung für die Interaktion mit den Kindern nicht bewusst waren. Wären sie sich dessen bewusst gewesen, hätten sie das Ganze im Keim aufgreifen können, indem sie sich mit den Kindern zusammen gesetzt und zu ihnen gesagt hätten: „Hört her. Wir merken euch an, dass hier etwas nicht stimmt, und dass ihr euch mit uns zusammen nicht wohl fühlt. Wir sind uns bewusst, dass wir es sein werden, die hier hadern, und wir würden es schätzen, wenn ihr uns damit helfen könnt, wie wir das anstellen können."
Damit wären die Kinder auf verantwortungsbewusste Erwachsene gestossen, welche sie mit einer entsprechenden Verantwortlichkeit belohnt hätten. Sie trafen stattdessen – wie es Kinder seit Generationen getan haben – auf einige Erwachsene, die von ihrer Verantwortung wegrannten und den Kindern die Schuld gaben, und dann dasselbe zurück bekamen wie wenn sie zu unterrichten versuchten.
Selbst wenn Lehrpersonen die Kinder auf diese Weise konsultiert hätten, um Licht in die gemeinsame Arbeitssituation zu bringen, so ist es doch nicht sicher, dass sie die Elemente im Prozess beleuchtet hätten, welche entweder destruktiv funktionierten oder ganz einfach fehlten. Die meisten von uns haben in solchen festgefahrenen Situationen Bedarf an Hilfe von aussenstehenden erwachsenen Personen, welche die Interaktion beobachten können. Dies kann ein Kollege, eine Leitungsperson, ein Schulpsychologe oder ein unabhängiger Berater sein. Unabhängig wer es ist und fast unabhängig vom spezifischen Charakter des Resultates, was zählt, ist die Verantwortlichkeit und die Offenheit der Lehrperson, eine veränderte und fruchtbare Atmosphäre in der Klasse schaffen. Unter allen Umstän-

den werden die Kinder ein hervorragendes Beispiel dafür erhalten, wie man sich verantwortlich zu seinen Konflikten mit anderen Menschen verhält. Das ist es, was wir in Zukunft mit einer relevanten Kindereinbeziehung (statt Erziehung) verstehen müssen.
Dieses Beispiel ist eines aus einer ganzen Reihe ähnlicher Vorfälle, mit denen ich in meiner Zeit als Berater in Berührung kam. Sie lassen sich zwischenzeitlich an den meisten Schulen finden, doch wird ihnen meist nicht mit demselben Einfallsreichtum, wie im vorliegenden Fall, begegnet. Das nächste Beispiel ist typischer für unsere Zeit, und wird hier aufgeführt, weil es aufzeigen kann, dass Schülerinnen und Schüler ein Bedürfnis haben, dass die Lehrpersonen anfangen, auf ihrem Recht zu insistieren, auf Gedeih und Verderb ganze Menschen zu sein.

Beispiel II

Es handelt sich um das Phänomen, das einige „die ewig unzufriedenen Schüler" nennen. Schülerinnen und Schüler, welche die ganze Zeit den Vorschlägen der Erwachsenen wie folgt begegnen:

- Müssen wir wirklich den ganzen Weg zur Schwimmhalle gehen?
- Wieso kommt kein Bus?
- Ist das etwas, das wir wirklich tun müssen?
- Das mögen wir also nicht mitmachen.
- Ist das etwas, das wir müssen?
- Nicht notwendig, sich die Mühe zu machen. Es geht sowieso nur nach Hause in den Papierkorb.
- Wieso muss ich schön schreiben, wenn sie es ohnehin lesen können?

Diesen Bemerkungen ist eine gute Portion Kleingejammer zugefügt, eine passive Aggression – ein zeittypisches Phä-

nomen, welches zu Recht, Lehrpersonen wie Eltern frustriert und verwirrt.
Was sollen wir mit denen anstellen, fragen die Erwachsenen. Die Antwort an sich ist einfach: Ihr müsst sie zufriedenstellen! Worauf die Eltern typischer Weise antworten: „Das haben wir versucht. Es war unmöglich.“ Und die Lehrpersonen sagen: „Das kann ja wohl nicht die Meinung sein!“
Doch, es ist die Meinung, und das kann sich auch machen lassen. Es ist wohl wahr, dass dies unmöglich ist, wenn man die Kinder beim Wort nimmt und ihnen nur das gibt, worum sie bitten – aber nicht das bekommen, was sie benötigen. Wenn e's gelingen soll, muss die Botschaft der Kinder erst in die Prozesssprache übersetzt werden:

> Liebe Erwachsene!
> Wir sind frustriert und unzufrieden, weil wir den Kontakt zu uns selber und unseren Bedürfnissen verloren haben. Bevor dies geschah, haben wir den Kontakt zu euch verloren. Nun müsst ihr uns nicht missverstehen. Wir wissen wohl, dass ihr uns liebt und euch um uns sorgt und uns gerne etwas beibringen und mit uns ins Ferienlager kommen möchtet. Aber wir wissen nicht mehr, wer ihr innendrin in euch selbst seid. Wir wissen nicht, was ihr selber wollt und nicht wollt, was ihr mögt und was ihr nicht leiden könnt, woran ihr euch beteiligen wollt und wo eure Grenzen verlaufen. Wir vermissen es, eure persönliche Autorität zu spüren, denn wie sollen wir sonst unsere eigene finden können?
> Es ist nicht so wichtig für uns, immer das zu bekommen, was wir erbitten, dass wir immer unseren Willen bekommen, wie ihr es nennt. Aber es ist für uns wichtig, dass wir euch spüren können, dass wir euer Gegenspiel bekommen, sodass wir entdecken kön-

nen, wer wir selber sind, was für uns wichtig ist und wo wir selber gerne hin wollen. Wir sind nicht unzufrieden mit euch, wir vermissen euch bloss!
Liebe Grüsse
„die Unzufriedenen“

Kommentar

Wenn wir das Phänomen mit historischer Brille anschauen, ist im Laufe der letzten Generationen etwas in unserer Kultur geschehen: Nämlich, dass der innengesteuerte Mensch (und damit der nicht-neurotische Mensch) ein erreichbares Ideal geworden ist. Es gibt allen Grund, sich darüber zu freuen, dass man somit in der Tat vom Aussengesteuerten früherer Generationen etwas befreit ist.
Die sogenannt unzufriedenen Kinder sind ein Produkt der Übergangsphase zwischen den zwei Menschenidealen. Sie sind nicht in erster Linie ein Produkt der Schule, aber deren Familien. Sie sind Kinder von Eltern, welche das patriarchalische oder matriarchalische hinter sich gelassen, aber noch keine fruchtbare Alternative gefunden haben. Sie haben aufgegeben „Eltern zu spielen“, haben es aber u.a. wegen der eigenen Geschichte schwer, sich selber zu finden.
Wenn diese Kinder sich von Erwachsenen umgeben sehen, welche sich in der Terminologie dieses Buches im Verhältnis zu „den demokratischen Klammern“[15] identifizieren, wird der Mangel an Innensteuerung deutlich. Sie sagen zwar die ganze Zeit „ich, ich, ich und ich“, aber es ihnen fehlt ihnen etwas. Es überrascht nicht, dass Erwachsene dasselbe Phänomen als eine fehlende Innensteuerung interpretieren und deshalb an mehr Disziplin glauben. Es ist auch nicht sehr herausfordernd für die Erwachsenen,

---

15 Vgl. dazu Kapitel 4 (Anm. d. Ü.).

wenn sie die alte Uniform aus der Mottenkiste holen und die Rolle wieder einzustudieren, statt lieber den Blick nach innen zu wenden und mit gutem Beispiel voranzugehen.

Von der Erziehung zur Beziehung

In seinem Buch „Kindererziehung in Dänemark" hat Ole Varming vorgeschlagen, den Begriff Kindererziehung durch Kindereinbeziehung zu ersetzen. Meiner Meinung nach wird damit ein lang ersehnter Begriff für jenen Paradigmenwechsel gefunden, dessen Facetten auch dieses Buch zu beschreiben versucht.
Wenn der Begriff eine allgemeine Verbreitung gewinnt, werden wir einen grossen Schritt hin zur Etablierung des regulären gleichwürdigen Verhältnisses zwischen Erwachsenen und Kindern erlangen, von welchem wir bereits wissen, dass es weit gesünder für das Leben beider Parteien ist. Gleichzeitig besteht Hoffnung, dass ein Punkt gesetzt werden kann hinter die ewig rückwärtsgewandte Diskussion darüber, in wieweit Lehrpersonen auch eine erzieherische Rolle haben. Jetzt, wo die Frage nur folgendermassen gestellt werden kann: „Müssen Lehrpersonen die Kinder auch einbeziehen?" muss es für jeden klar sein, dass die prinzipielle Antwort natürlich „Ja!" lautet. Damit kommen Prinzip und Praxis in Übereinstimmung und in Diskussion darüber, wie Schulen Kinder einbeziehen sollen, und vielleicht kann sich sogar mit der Zeit ein bedeutungsvoller Dialog entwickeln.
Lehrpersonen können noch müssen, in Bezug auf die Arbeit mit den Schülerinnen und Schülern, vor den Eltern in Bittstellung gehen. Die Eltern wiederum haben keinen Grund, nervös zu sein. In den ersten 12-13 Jahren im Leben der Kinder ist die elterliche Macht und Verantwortung für das Wohlbefinden und die Entwicklung der Kinder um ein Vielfaches grösser als jene von Lehrpersonen und Pädagogen. Lehrpersonen können Kinder weder retten noch

zerstören. Sie können aber das Verhältnis des Kindes „zur Schule zu gehen“ und ihr Vertrauen den Erwachsenen gegenüber im Allgemeinen retten oder zerstören. Lehrpersonen können, abhängig davon wie sie die Verantwortung für die Interaktion mit den Kindern handhaben, höchstens befremdend in den konstruktiven oder destruktiven Tendenzen im Verhalten und der Entwicklung des Kindes wirken.

Viele Jahre waren Eltern und Lehrpersonen damit beschäftigt, jegliche Verantwortung von sich zu stossen und dem anderen Part und einigen Kindern die Schuld für ihre disharmonische Beziehung zuzuschieben. Dieses tief unverantwortliche Verhalten ist sowohl in Gesprächen zwischen Lehrpersonen und einzelnen Eltern, an Elterntreffen und in der öffentlichen Debatte, zum Ausdruck gekommen. Es ist nicht ungewöhnlich, dass der Konflikt in aggressivem Stillstand geendet hat, bei welchem das Kind mit der Verantwortung da stand, welche keiner der Erwachsenen sich bequemen konnte, zu übernehmen. Es sind die Kinder, welche wir Problemkinder nennen!

Obwohl die Verantwortung der Lehrpersonen und Eltern für das Wohlbefinden und die Entwicklung der Kinder also verschieden schwer wiegt, haben sie den gleichen Ausgangspunkt. Dieses Kind hat mir Signale gesendet, die mir sagen, dass meine Art, in unsere Interaktion zu treten, unzureichend sind. Jetzt versuche ich zuerst beim Kind Hilfe zu bekommen. Wenn ich mir nicht klar darüber werde, muss ich mir einen anderen Erwachsenen suchen, der mir helfen kann.

Im Laufe der letzten Generationen sind wir tatsächlich insofern humaner geworden, als dass wir dazu übergegangen sind, Kinder zu behandeln anstatt sie zu bestrafen (Es ist oft zweifelhaft, ob es die Kindern auch humaner empfinden). Doch bis wir es wagen, ihnen unsere persönlichen Beziehungen zur Analyse und Bearbeitung auszusetzen,

wird unsere grundlegende Unverantwortlichkeit ihrer Lebensenergie im Weg stehen.
Gemessen mit dem Massstab der Erwachsenen ist es natürlich unverhältnismässig, alle Lehrpersonen anzuklagen, unverantwortlich zu sein. Diese sind ja als zusammengewürfelte Gruppe sogar sehr verantwortungsbewusst, aber sie sind es in der Beziehung zu einem veralteten Gesundheitsbegriff und meine Pointe ist somit, dass sowohl Lehrpersonen als auch Schülerinnen und Schüler real gesehen dasselbe brauchen: SCHULE UM DER LEHRER WILLEN!
Lehrpersonen können den Kindern erst dann gesunde Wachstumsbedingungen bieten, wenn sie diese selber bekommen haben.

7 Leitung der Schule

Unter der schulischen Leitung verstehe ich in diesem Zusammenhang primär den Rektor und dessen Vertreter innerhalb der einzelnen Schulen. Ich gestehe ein, dass dies eine Vereinfachung ist. Weil die Prinzipien, zum Beispiel die Bedeutung des Schuldirektors für die Gruppen von Schulleitern etc. identisch sind, habe ich die Leitung der einzelnen Schulen als Ausgangspunkt gewählt. An einem Teil der Schulen wäre es auch relevant, die Schulsekretäre als informelle Leitung zu beschreiben, doch würde es zu weit gehen sowohl die formelle als auch die informelle Leitung zu beschreiben. Der Schulvorstand ist dabei, ein integrierter Teil der schulischen Leitung zu werden. Aber in Anbetracht dessen, wie neu das Phänomen ist und den gemischten Erfahrungen, die wir bis dahin auf diesem Gebiet haben, habe ich mich dazu entschieden, ihnen ein eigenes Kapitel zu widmen.

Schulleitungen teilen die Willkür mit vielen anderen Leitungen öffentlicher Institutionen und Verwaltungen, die verhältnismässig nahe am politischen Prozess sind. Eine der gemeinsamen Grundwillkür ist, dass eine Reihe permanenter Konflikte zwischen den drei Niveaus öffentlicher Organisationen bestehen: das politische, das administrative und das professionell/fachliche Niveau.[16] In wieweit diese Konflikte als konstruktiv oder als destruktiv für die einzelne Institution betrachtet werden können, hängt in einem gewissen Umfang vom Niveau ab, auf dem die Beurteilung vorgenommen wurde. Aber auch nur in einem begrenzten Umfang.

---

16 Siehe zum Beispiel der Videofilm „Institutionen og dens signaler" von Jesper Juul.

Der politische Prozess versus der humane Prozess

Einer der wichtigsten Gründe, wieso der politische Prozess nicht als Rückgrat "humaner Institutionen" taugt (d.h. Institutionen, deren Ziel etwas für/mit Menschen zu tun, ist – z.B. Pflegeheime, Schule, Spitäler, Kindergärten u.v.m.) ist, dass er von Natur aus destruktiv ist. Der politische Prozess baut von A bis Z auf dem Machtkampf auf. Man kann sagen, dass der Machtkampf und seine Spielregeln die ungeschriebene Wertgrundlage ist, welche alle politischen Parteien und fachpolitischen Organisationen gemeinsam haben, unabhängig davon, wie verschieden ihre Wertgrundlagen im Übrigen sind. Das Ergebnis (Konklusion) des Machtkampfes ist immer, dass die eine Seite gewinnt und die andere verliert. Das gewünschte Resultat ist eine politische Klarstellung, ein Beschluss und eine Handlung, und allein deshalb kann vom Verhandlungsprozess nur in Ausnahmen ein Konsens erwartet werden. Der ideale politische Prozess ist ein Prozess, der dazu führt, dass so viele wie möglich gewinnen, und so wenige wie möglich verlieren.

Der humane Prozess unterscheidet sich davon gänzlich. Ob es sich um intrapsychische oder interpersonelle Konflikte handelt, der humane Prozess hat zum Ziel, dass beide Parteien gewinnen, und dass die Beziehungen und die Gemeinschaft damit gestärkt werden. Dies gilt bei Liebesbeziehungen zwischen Erwachsenen und zwischen Eltern und Kindern, in Zusammenarbeits-Beziehungen und Freundschaften, es gilt aber auch in jeglichen interpersonellen Prozessen von professionellem Charakter.

Wenn die humane Institution – intern oder extern – via einem politischen Prozess gesteuert wird, wird es unumgänglich dazu führen, dass sowohl die professionellen Prozesse wie die Leitung- und Zusammenarbeits-Prozesse destruktiv beeinflusst werden.

Beispiel

Die meisten wissen, dass die professionellen Prozesse in einer Institution diejenigen sind, welche sich (sowohl als privates Produktions- als auch als Serviceunternehmen) progressiv entwickeln müssen, wenn die Qualität ihrer Arbeit aufrecht erhalten oder gefördert werden soll. Geschieht dies nicht, wird die Institution zu einem geschlossenen, autarken System, in dem sich auch die Kultur in destruktiver Richtung entwickelt.

Die meisten wissen auch, dass Erneuerungen nie oder nur höchst selten von der Mehrheit aus entstehen. Erneuerungen kommen von den Wenigen, den Schrägen, den Bescheuerten, den Fanatischen und denen, die für ihr Fach, ihre Jobs oder Ideen atmen und leben. Erneuerungen kommen in der Regel von der Minderheit.

Wenn sich der politische Prozess in den humanen Institutionen am wenigsten destruktiv auswirken soll, muss für seinen natürlichen Ausgleich gesorgt werden. Das kann zum Beispiel bedeuten, dass die Mehrheit aus Rücksichtnahme zum Ganzen der Minderheit Macht abgeben muss. Die Verantwortung für dieses Geschehen muss notwendigerweise bei der lokalen Leitung liegen. Logischerweise könnte man sagen, dass es eine politische Verantwortung sein müsste. Das primäre Interesse der Politiker ist nie von professioneller Qualität. Politiker werden immer die politische Macht und Einflussnahme höher bewerten – und so muss es sein.

Erneuerungen kommen auch durch Krisen, welche entweder intern geschehen oder der Institution von aussen zugefügt werden. Dies können Zusammenarbeits-Beziehungen zwischen Leitung und Mitarbeitenden oder ökonomische Sparmassnahmen, Strukturänderungen oder ähnliches sein. Das besondere an Krisen in Institutionen ist, dass sie immer Gegensätze mobilisieren und dann polarisieren.

Damit wird ein politisches Bild der Wirklichkeit geschaffen, welches es naheliegend macht, den politischen Prozess als Lösungsmodell anzuwenden. Wenn dies geschieht, wird das kreative Potential der Krise eliminiert und die Institution, die Mitarbeitenden und die Benutzer werden eine spürbare Niederlage einstecken – menschlich, organisatorisch und ökonomisch.
Krisen müssen nicht gelöst werden. Sie müssen prozessual bearbeitet werden, und dazu bedarf es in erster Linie einer relevanten Leitung. Das bedeutet eine prozessorientierte Leitung, welche Gegensätzen Raum bietet und sich um die Unterschiedlichkeiten kümmert – auch wenn sie den prozessualen Abschluss in Bezug auf die Inhalts- und Strukturdimension nicht überschauen kann.

Leitung des Personals

In erster Linie nimmt die Schulleitung – als Leitung von menschlichen und zwischenmenschlichen Beziehungen – einen Einfluss auf die Kultur der Schule. (Es sei denn, dass sie sich total mit der bürokratischen Kultur oder dem lokalpolitischen Spiel identifiziert hat. In diesem Fall wird ihr Einfluss eindeutig negativ sein.) Da die einzelne Schule eine relativ flache und unkomplizierte Hierarchie hat, kann es für eine Schulleitung schwierig sein, ihre Gesamtverantwortung zu entdecken. Diese unterscheidet sich zum Beispiel von derjenigen der Lehrperson zu ihren Schülerinnen und Schülern. Schulleitungen sind nicht zu 100 Prozent verantwortlich für den „Duft in ihrer Bäckerei“, aber es sind nach wie vor sie – ausgenommen von ganz extremen Situationen – , welche aufgrund ihrer Persönlichkeit, ihres Leitungsstils, ihres Menschenbildes und ihrer Fähigkeit mit der Stellvertretung zusammenzuarbeiten, den entscheidenden Faktor ausmachen.
Wenn ihre Leitung zum Beispiel von starker Kontrolle geprägt ist, wo alles über ihren Tisch gehen muss, bevor es

weiter geht, wird das Resultat unumgänglich eine sinkende Initiative und Kreativität bei der Lehrergruppe sein.
Ist ihr Stil von einer allakzeptierenden Haltung geprägt, wird das Resultat unumgänglich Verunsicherung und Machtkämpfe sein.
Ist sie patriarchalisch im Sinne der „guten alten Zeit", wird das Resultat Zersplitterung und Unverantwortlichkeit in Bezug zu (scheinbar) gemeinsamen Beschlüssen sein.
Lasst uns dazu folgendes Beispiel nehmen, welches relevant für die Botschaft dieses Buches ist: An vielen Schulen spielen die Schulleitungen nach wie vor die Rolle eines „Schreckgespenstes" im Verhältnis zu den leichtsinnigen Schülern und den Vermittler im Verhältnis zu mühsamen Eltern, welche sich über die Lehrpersonen beklagen. Wenn sich Søren unverhältnismässig viele Male den Anweisungen des Lehrers nicht unterordnen will, wird er zum Schulleiter geschickt, welcher kurz erzählt und seine Rolle dazu braucht, Autorität hinter die Anforderungen des Lehrers zu setzen. Das gleiche Muster wiederholt sich im Verhältnis mit den Eltern. Der Schulleiter ist „Der Mann der Lehrer". So hat er seine Funktion als Personalleiter seit Generationen verstanden, und so sind die Anforderungen der Lehrpersonen ihm gegenüber gewesen. Das Problem ist, dass dieses Verhalten nichts mit Leitung zu tun hat. Dies ist eine autoritäre, automatische und zwingende Reaktion, welche das Ziel hat, den Status quo zu bewahren.
Wenn die Humanisierung der jeweiligen Schulkultur, wie ich sie vorausgehend skizziert habe, die Chance haben soll, zu gelingen, muss diese Form von Leitung aufhören. Schulleitungen müssen stattdessen ihre Fähigkeiten trainieren, Berater und Supervisor für unfruchtbare Prozesse zu sein. Wenn Søren die 117-mal nicht zuhören wollte, oder wenn seine Eltern nach dem dritten Gespräch mit dem Lehrer bloss darin bekräftigt wurden, dass der Lehrer ein Idiot ist, so war der Lehrer nicht ausreichend kompe-

tent – diesem Knaben und seinen Eltern zu begegnen. Und das ist in Ordnung. Niemand kann jemals alles. Es gehört zu einer der vornehmsten Tugenden professioneller Organisationen, dass es zugelassen ist, Fehler zu machen, und dass alle wissen, dass niemand perfekt ist.
Für einige Schulleitungen wäre es relativ einfach, auf diese Weise den Fokus zu wechseln, wenn sie in interpersonellen Konflikten beistehen sollen. Für andere wird es jedoch weit schwieriger sein. Nicht notwendigerweise weil ihnen ihre Persönlichkeit im Weg steht, jedoch weil viele Schulleitungen (und Lehrpersonen) sich total mit der etwas primitiven Wahrnehmung der Volksschule von der Wirklichkeit total identifizieren. Das Primitive besteht darin, dass man in hohem Grad mit einigen stark vereinfachten Kategorien wie „richtig" und „falsch", „korrekt" und „unkorrekt", „angemessen" und „unangemessen" operiert. Es ist zum Beispiel unangemessen, persönliche Gefühle mit Saft und Kraft auszudrücken, so wie es zu uns Menschen dazu gehört, während es als angemessen angesehen wird, sich vernünftig auszudrücken, sachlich und in Übereinstimmung mit der akademischen Tradition für Debatten. Spontane, unstrukturierte Lebensäusserungen werden schnell und diskret als persönliche Probleme diagnostiziert. Die Wände in den Schulen sind mit mittelklassigen Prämien des Fleisses und Examensbeweisen der höheren Tüchtigkeitsschule tapeziert.

Konflikt, Gegensätzlichkeit, Unterschiedlichkeit und Problem

In jeder Institution, die mehr als einen Mitarbeiter beschäftigt, wird der Leitungs- und Zusammenarbeitsprozess immer eine wechselnde Anzahl Konflikte von mehr oder weniger prinzipiellem, fachlichen oder persönlichem Charakter beinhalten. Konflikte können nicht eliminiert, sie können höchstens ignoriert werden, und die Kultur der Volksschule trägt in hohem Masse dazu bei, dass das so bleibt.

Es bestehen Gemeinsamkeiten zwischen Familien, Organisationen und der Gesellschaft. Nämlich, dass die prinzipiell gesunden Phänomene wie Konflikte, Gegensätzlichkeiten, Unterschiedlichkeiten sich zu ungesunden Problemen entwickeln, wenn sie ignoriert oder unterdrückt werden. Auch auf diesem Gebiet ist es zwingend notwendig, dass die Leitung vorangeht, wenn die Kultur geändert werden soll, auf einfache, effektive Art und Weise.

Wir sind erzogen worden, zu glauben, dass Zusammenarbeit und Unterschiedlichkeit in Wirklichkeit unvereinbare Dinge sind, weil es am besten zur Voraussetzung der konfliktlosen Machthierarchie passte. Eine vorsichtige Bestätigung davon, dass die Dinge anders zusammenhängen, ist bis auf weiteres grösstenteils nur in einer notgedrungenen Form zum Ausdruck gekommen wie zum Beispiel: Ja, ja – es ist sicherlich sehr gut, dass wir Menschen verschieden sind. Die meisten Vorstellungen von der idealen Institution haben mehrheitlich noch mit Einigkeit, Einzigartigkeit, gemeinsamer Haltung, gemeinsamer Verantwortlichkeit und ähnlichem zu tun.

Daran ist auch nichts falsch. Doch es gibt einen Weg, sich diesem Ziel zu nähern, welcher weit gesünder für den Einzelnen wie für die Gruppe ist, als der in den meisten öffentlichen Institutionen praktizierte. Dieser Weg beinhaltet, dass die Verschiedenheit nicht nur respektiert, sondern aktiv betrieben wird.

Auch als Erwachsene entscheiden wir uns viel zu oft, unsere Integrität zu Gunsten der Zusammenarbeit zu opfern. So wie Kinder einen Bedarf haben, dass die Erwachsenen dabei helfen, ihrer Integrität Sorge zu tragen, haben wir als Erwachsene einen Bedarf dafür, dass unsere Partner, Kollegen und Leiter uns dabei behilflich sind. Wenn diese Qualität der Kultur in Institutionen fehlt, entstehen folgende Symptome: Sitzungsfrust, fehlende Entscheidungsfreudigkeit, gemeinsame Beschlüsse werden in der Praxis

nicht ausgeführt oder werden im Verborgenen sabotiert, die Initiative der Mitarbeitenden und die Lust darauf, für die Gemeinschaft zu arbeiten sinkt, und Vertretungen und Komitees bestehen aus der alten Garde. Es bilden sich destruktive Cliquen, der Strom an fruchtbarem Feedback zur Leitung hin hört auf. Die individuellen Symptome sind zum Beispiel das Gefühl, ausgebrannt zu sein und am selben Ort zu treten, fehlende Flexibilität und Entgegenkommen und eine niedrige Frustrationstoleranz.
Die effektivste Medizin ist es, wie gesagt, die Unterschiedlichkeit zu kultivieren. Dies kann auf unzählige kleine Weisen im Alltag gemacht werden. Folgendes hat sich erfahrungsgemäss für den Anfang bewährt:

- Fange nie ein Treffen mit den Worten an wie: „Ich will gerne, dass wir es heute schaffen, über ... einig zu werden“ Fange damit an, das Thema zu präsentieren: „Es wird spannend zu hören, wie verschieden ihr das seht!“ Denk daran: Wichtig für das Leben der Institution ist äusserst selten was (Inhalt) an einer Sitzung beschlossen wurde. Es ist wichtiger, wie der Beschluss getroffen wurde (Prozess). Dies wird schlussendlich darüber entscheiden, wie effektiv und verantwortlich der Beschluss in die Praxis umgesetzt wird.

- Es wird immer einige skeptische Gesichter am Tisch haben, unabhängig davon, wie gründlich die Dinge diskutiert wurden. Der Widerstand, den sie demonstrieren, sollte nicht ignoriert werden. Lade sie stattdessen dazu ein, Worte für den Widerstand zu finden und versuche nicht, sie dazu zu überreden, die Haltung der Mehrheit zu akzeptieren.

Erinnere: Schweigen oder defensiver Widerstand ist genau so destruktiv für denjenigen, der mit dem zusammen sitzt, welcher für die Gesamtlösung ist. Deshalb muss er als ein gleichwürdiger Teil der Gemeinschaft eingeladen werden.

Die Einladung soll lauten: „Ich sehe, dass du mit uns uneinig bist. Davon will ich gerne etwas mehr hören." Und nicht zum Beispiel: „Hat jemand noch etwas hinzuzufügen, bevor wir abschliessen?"

- Es ist wichtig, die Form für reale Dialoge zu trainieren, welche den Partnern behilflich sind, die gegenseitigen Ansichten zu vertiefen. Speziell in der Schulwelt laufen die Diskussionen am häufigsten in Form einer Aneinanderreihung von Monologen ab.

- Denk daran: Erst wenn Menschen erleben, dass sie die Möglichkeit erhalten haben, sich vollständig auszudrücken, gehört und ernst genommen zu werden, können sie flexibel werden und sich kreativ in die Gemeinschaft einbringen.

- Wenn die Leitung untereinander uneinig über Punkte ist, ist es wichtig diese Uneinigkeit öffentlich zu machen. Nicht um Anhänger zu sammeln, sondern damit sich die Mitarbeitenden mit der Unterschiedlichkeit geborgen fühlen können, da sie unter allen Umständen genau wissen, dass sie existieren. Denk daran: Verschlossenheit um die Konflikte innerhalb der Leitung schaffen Ungemütlichkeit und Gräben in der Institution und fördern auf allen Niveaus eine Kultur, in der Verschiedenheit und Konflikte tabu sind oder einen Prestigeverlust mit sich führen.

Mit dieser praktischen Anerkennung, wie wertvoll Vielfältigkeit für jede Gemeinschaft ist, wurde eine neue Grundlage geschaffen, um Konflikten auf eine ganz neue Art zu begegnen, auch ausserhalb des Lehrerzimmers. Diese wird sehr schnell die Art der Lehrpersonen beeinflussen, den

Schülern und Eltern zu begegnen. Und auch wie sich Lehrpersonen untereinander begegnen. In gewissen Bereichen werden die politisierenden und statischen Konfrontationen durch fruchtbare Interaktionsprozesse abgelöst werden. Die Anzahl an offenen Konflikten wird ebenfalls steigen und es werden mehr Turbulenzen in der Organisation entstehen.

Leitung und Persönlichkeit

Für alle Leitungen gilt, dass ihre Persönlichkeit sowohl ihre Stärke wie auch ihre Begrenzung darstellen. Viele haben im Verlauf der Zeit versucht „die gute Leitung“ in fünf, sieben oder siebzehn Punkten zu beschreiben. Doch es entbehrt meiner Erfahrung, dass etwas Gehaltvolles entstehen kann, wenn Leitung in Form von Zeichentrickfilmformaten vereinfacht wird. Dafür ist Leitung – gleichsam wie der Unterricht – ein viel zu nuancierter und individueller Entwicklungsprozess.

Meiner Erfahrung nach ist es wichtig, dass Leiter sich seriös mit dem beschäftigen, was sie nicht können. Das bedeutet in erster Linie mit den Bereichen, in welchen sie den Prozess in der Institution mit ihrer Persönlichkeit, ihrem Stil, ihren Interessen und ihrer Priorisierung negativ beeinflussen.

Der sehr abweisende, dynamische und inspirierende Leiter wird zum Beispiel immer mitverantwortlich sein, wenn einige Mitarbeitenden ihre Unterschiedlichkeit zurückhalten, weil das Konkurrenzieren ihnen unmöglich erscheint. Ein anderer Teil der Mitarbeitenden wird einen Teil ihrer Individualität verlieren, weil die Begeisterten sich in den „Fanclub“ melden. Beide Parteien haben das Bedürfnis, dass die Leitung speziell aufmerksam auf ihre Unterschiedlichkeit ist.

Die verantwortungsbewusste und primär administrativ orientierte Leitung wird mitverantwortlich sein, wenn das professionelle Niveau in einem Masse sinkt, welches weit über den Berufsstolz der Mitarbeitenden hinausgeht. Hier muss versucht werden, eine pädagogische Leitung zu ernennen, welche entweder Vizeschulleitung wird, oder eine Gruppe von Mitarbeitenden, welche die fachliche Dynamik inspirieren kann.

Die Anforderungen, die an eine öffentliche Leitung von höher gestellten Amtsträgern oder Politikern gestellt werden, wechseln in regelmässigen Abständen. Diese sind meistens entweder so primitiv oder abstrakt, dass die einzelne Institutionsleitung gut daran tut, sich taub zu stellen. Niemand kann seinen Leitungsstil mit der gleichen Leichtigkeit und Häufigkeit wechseln, wie Politiker ihre Haltung wechseln – und das lässt sich nicht „richtig“ machen. Als Leitung einer professionellen, humanen Institution kann man sich höchstens Hoffnung machen, seine fruchtbaren Eigenschaften so maximal wie möglich zu entwickeln und seine destruktiven Seiten zu minimieren oder zu kompensieren. In dem Umfang wie es gelingt, wird die Qualität der sozialen und professionellen Prozesse in der Institution beeinflusst.

8 Schulverwaltung

Das Bedauerliche an meiner Arbeit ist, dass ich oft mehr über Konflikte und Probleme in Familien und Organisationen höre als über die harmonischen und fruchtbaren Prozesse. Liegt es also vielleicht daran, dass ich von keiner einzigen Schulverwaltung gehört habe, welche so funktioniert wie sie es beabsichtigt?

Hingegen habe ich von vielen Schulverwaltungen gehört, die viel zu viele und zu lange Sitzungen abhalten, bei welchen sie sich mit Kleinigkeiten und Details der schulischen Administration und des Alltags beschäftigen – wodurch die Polarisierung zwischen Lehrpersonen und Eltern noch radikaler wird. Vielleicht ist dies der Ausdruck von Anfangsschwierigkeiten oder vielleicht waren die politischen Auflagen doch zu populistisch in der Vermarktung?

Eines ist jedenfalls sicher: Wenn meine Erfahrungen eine Tendenz andeuten, so kann die Schulverwaltung einer relativ kurzen Lebensdauer als struktureller Teil der Volksschule entgegenblicken. Dann wird sie – so wie auch die Schulbehörde[17] – einen leisen Tod sterben, weil ihre Funktion zu einer sinnlosen Kontrollfunktion reduziert wurde, für deren Engagement niemand auf die Dauer genügend Energie aufbringen wird.

Ich gehöre zu denen, die Schulverwaltungen an sich für eine gute Idee halten. Deshalb will ich versuchen, ein paar Richtlinien und Prinzipien zu skizzieren, welche die Schulverwaltung zu einem konstruktiven Teil der Leitung der einzelnen Schule macht. Die Schulverwaltung wird auf Gedeih und Verderb in hohem Masse mitverantwortlich für

---

17 Vgl. zum dänischen System der politischen Kontrollorgane in der Schule die Übersicht im Anhang (Anm. d. Ü.).

die prozessuale Dimension der Schule sein; und diese Verantwortung ist auf allen Ebenen grösser und bedeutungsvoller als das bisschen Macht und Kompetenz, für dessen Streiterei man viel Zeit vergeuden kann.

Wie bereits erwähnt, kann diese Verantwortung nicht mit Gesetzen und Rundschreiben spezifiziert oder konkretisiert werden. Und so kann sich jedes Mitglied der Schulverwaltung auch entscheiden, diese zu ignorieren, um (formell) seine Schäfchen nach wie vor im Trockenen zu haben. Genau wie im Fall von Lehrpersonen und Schulleitungen können auch die Mitglieder einer Schulverwaltung ihre Rolle korrekt und gleichzeitig total verantwortungslos spielen.

Ähnlich einem Sekretär ohne Stimmrecht, so ist auch die Bedeutung der Schulleitung für die Arbeit der Schulverwaltung nicht ganz einfach einzugrenzen. Formell gesehen könnte sich der Leiter an die Funktion des Sekretärs und dessen mangelnde Machtbefugnis halten. In Wahrheit zweifelt niemand daran, dass die Schulleitung auch im Schulvorstand einen sehr grossen Einfluss auf das Arbeitsklima und den Inhalt der Beschlüsse hat.

Dass Schulleitungen damit enden, Sekretäre in der Schulverwaltung zu werden, sehe ich als sinnloses Opfer auf dem politischen Altar an, welches entweder auf der Unwissenheit über Gruppenprozesse beruht oder das Resultat von einem politischen Kuhhandel sein muss. Eine Schulverwaltung, welche sowohl eine formelle Leitung mit formeller Machtbefugnis und eine informelle Leitung mit sehr grossem Einfluss hat, ist mit einem ernst zu nehmenden Handicap geboren worden. Die Schulleitung sollte natürlich zum Vorsitzenden geboren sein, jedoch ohne Stimmrecht!

So wie es sich entwickelt hat, wird die Zusammenarbeit der Schulleitung mit dem Präsidenten des Schulvorstandes von entscheidender Bedeutung sein, sowohl für die Arbeit in der Schulverwaltung wie für die Kultur an der Schule

selbst. Jede Zersplitterung oder jeder Machtkampf zwischen den zweien wird sich automatisch auf die gesamte Schule ausbreiten. Und damit werden die humanen Prozesse einem politischen Prozess unterliegen.
Als täglicher Leiter einer Schule und ohne die Macht, die mit dem Stimmrecht verbunden ist, hat die Schulleitung gute Möglichkeiten, die Arbeitsweise der Schulverwaltung mitzuprägen. Dies würde erfordern, dass sie ihre Rolle als „Person der Lehrer“ aufgeben müsste und zu einer Person des Zusammenwirkens und der Ganzheit wird; die Schulleitung muss einladen, kultivieren und die Unterschiedlichkeiten wertschätzen, statt Harmonie und Kompromiss zu suchen. Sie muss das Format haben, um die heimliche fach- oder lokalpolitische Tagesordnung und die selbstherrliche Empörung in offene und fruchtbare Konflikte zu verwandeln. Ihre eigene Haltung zu Problemstellungen und Beschlüssen muss klar und explizit sein, und sie muss ein Garant dafür sein, dass alle Mitglieder ernst genommen werden. Schliesslich ist es ihre Aufgabe, mit dem Präsidenten zusammen dafür zu sorgen, dass die Verwaltung Hilfe von ausserhalb bekommt, wenn sich der Zusammenarbeitsprozess über eine längere Zeit destruktiv entwickelt.

Die Lehrpersonen

Die Lehrpersonen nehmen in der Arbeit der Schulverwaltung als Repräsentanten ihrer Profession oder ihrer Kollegen an der Schule teil. In dem Umfang, in dem sie sich entschliessen, die Schulverwaltung als ein berufspolitisches Forum zu benutzen, versäumen sie ihre Mitverantwortung für die sozialen und professionellen Prozesse an der Schule. Der fachpolitische Kampf und die Debatten haben eine grosse Bedeutung für die Qualität in der schulischen Arbeit und doch liegt es in ihrer Natur, dass sie nicht ein Teil des Leitungsprozesses sein können. Es ist einleuchtend, dass sowohl Lehrpersonen wie auch Eltern als Teilhaber an der Arbeit der Schulverwaltung teilnehmen, damit, wie gesagt, Sonderinteressen in die Verantwortung des Präsidenten und der Leitung zu einer fruchtbaren Einheit einbezogen werden.

Eltern

Die Eltern nehmen in der Schulverwaltung als Repräsentanten für sich selbst und ihrer Kinder teil, und nicht etwa, weil sie eine Ahnung davon haben, wie man eine Schule oder Unterrichtssituationen leitet. (Elternvertreter, die auch Lehrer sind, sollten sich überlegen, ob sie bereit sind, diese Begrenzung zu anerkennen. Wenn nicht, wird die einzig logische Konsequenz sein, sich als Lehrervertretung in der Verwaltung an ihrem eigenen Arbeitsplatz wählen zu lassen).

Elternvertreter haben u.a. die Aufgabe, ihre eigenen und die Vorschläge anderer Eltern sowie Kritik an der Leitung der Schule und dessen Mitarbeitenden, zu vermitteln. Die Art, wie dies geschieht, hat sehr grosse Bedeutung für das soziale und fachliche Umfeld, welches die Schule ihren Kindern anbietet. Auch die Eltern müssen anerkennen, dass DIE SCHULE UM DER LEHRER WILLEN die fruchtbarste Umschreibung für die Arbeit der Schulverwaltung ist. Wenn die Eltern die Lehrpersonen als defensiv und selbstherrlich erleben, ist das ein Problem, das ernst genommen und bearbeitet werden sollte. Jeglicher Versuch, die Lehrpersonen als Gruppe nieder zu kämpfen oder zu kritisieren, wird die Möglichkeit schmälern, die Schule zu bekommen, welche sie gerne haben möchten.

Diese wenigen und vielfach einleuchtenden Richtlinien können – mit der Kultur, wie sie momentan in der Schule existiert – leicht als utopisch oder naiv abgewiesen werden. Ohne behaupten zu wollen, dass ich den vollen Umfang meiner eigenen Naivität kenne, meine ich inzwischen aber, dass gute Gründe dafür bestehen, dass sie nicht utopisch sind. Es lassen sich selbstverständlich immer Lehrpersonen und Eltern finden, die sich aus zweifelhaften Gründen für die Arbeit in der Schulverwaltung melden. Aber meiner Erfahrung nach sind dies Ausnahmen. Es ist immer noch am üblichsten, dass man sich mit denselben Qualitäten meldet, mit denen die Kinder in der Schule starten, mit denen die Lehrperson einen neuen Job anfängt, mit denen die Schulleitung ihre Karriere beginnt und mit denen Eltern am ersten Elternabend erscheinen: Mit Engagement, Herzlichkeit, Lust, Ambition und einem grundlegenden Bedürfnis, als wertvoller Teil des Ganzen anerkannt zu werden. Ob diese Ausgangslage so bewahrt und gestärkt oder korrumpiert wird, ist in grossem Umfang von der Kultur an der einzelnen Schule abhängig.

Schulverwaltungen können die Kultur an der einzelnen Schule nicht schaffen. Aber sie können in hohem Masse die gesunde Entwicklung fördern oder blockieren. Wie und in welchem Umfang, hängt vollständig von den persönlichen Eigenschaften der Mitglieder und der aktuellen Qualität der einzelnen Schule als Arbeitsplatz ab.

9 Schule als professioneller Arbeitsplatz

Zuallererst möchte ich den Begriff „professionell“ erläutern: Der Begriff wird hier in seiner angelsächsischen Bedeutung gebraucht, um eine Bezeichnung für eine Fachgruppe zu beschreiben, die eine anerkannte theoretische und fachliche Ausbildung hat. Im dänischen Zusammenhang wird der Begriff oft in der Bedeutung von „kühl und unpersönlich“ angewandt und ist, wie aus den vorhergehenden Kapiteln ersichtlich sein sollte, nicht in dieser Form zu interpretieren. Ein professioneller Arbeitsplatz ist deshalb ein Arbeitsplatz, an dem Fachleute ihr Fach unter Bedingungen ausüben, die darauf angelegt sind, dass die Mitarbeitenden ihre Profession individuell und kollektiv ausüben und ihren Wert für die umgebende Gesellschaft entwickeln können.

International gesehen bestehen grosse Unterschiede in der Tradition und in der Vorstellung über die notwendigen Elemente für einen solchen Arbeitsplatz. Überall kommt die Grundschule aber auf den wenig schmeichelhaften letzten Platz. Das Spektrum reicht von Arbeitsplätzen, für die individuelle und gruppenweise Supervision, interne und externe Möglichkeiten für personelle und fachliche Weiterentwicklung, interne Eingliederungs- und Weiterbildungsprogramme, Personaltraining, Leitungs- und Mitarbeiterkurse und interdisziplinäre Beratung als notwendiges Minimum angesehen werden – bis hin zum Beispiel der dänischen Volksschule, welche abgespeist wird mit (im übrigen ausgezeichneten) fachlichen Kursen an der dänischen Lehrerhochschule und einem einzelnen oder zwei sogenannten pädagogischen Tagen im Jahr. (In einigen Ge-

meinden versagt das politische Niveau so extrem, dass die pädagogischen Tage in Form eines „Sammeltopfs" für alle Schulen der Gemeinde abgehalten werden!)
Wie bereits erwähnt bin ich der Auffassung, dass es in der gesamten Lehrer- und Schülerschaft einerseits kolossal ungenutzte Potentiale und andererseits eine Reihe von Problemen gibt, welche sich nicht auf die Weise lösen lassen, da sie ein unmittelbarer Teil der gegenwärtigen Kultur und Wertgrundlage der Volksschule sind. Vor dem Hintergrund an Erfahrungen, über welche wir aus anderen professionellen Organisationen verfügen, möchte ich folgende Innovationen als einen guten und notwendigen Anfang ansehen:

Kollegiale Entwicklungsgruppen

Erfahrungen zeigen, dass die ideale Gruppengrösse bei sechs bis acht Teilnehmenden liegt. Die Gruppen sollten sich ca. einmal monatlich während maximal drei Stunden treffen, und zwar mit dem Ziel, die fachliche und persönliche Entwicklung, ausgehend von den fachlichen oder interpersonellen Problemstellungen zwischen Kollegen, Schülern und Eltern, zu integrieren.
Generell müssen die Gruppen selbstgesteuert sein. Es muss kein Wortführer ernannt werden, hingegen soll die Rolle des Prozessverantwortlichen innerhalb der Gruppe wechselnd wahrgenommen werden. Wenn die Gruppe still steht oder wenn der Prozess nicht konstruktiv funktioniert, muss die Möglichkeit bestehen, Hilfe von aussen zu bekommen – von einem Kollegen einer der anderen Gruppen, von der P.P.R. (Pädagogisch Psychologische Beratung) oder anderen lokalen Institutionen, oder von privat praktizierenden Beratern, welche über das nötige Training verfügen.
Die Bildung von Gruppen sollte freiwillig geschehen, so dass die motivierten Lehrpersonen zusammenkommen und anfangen können, während andere, die sich nichts aus der

Idee machen, darauf verzichten. Ebenso wichtig ist es, dass die Lehrpersonen persönlich wählen, mit wem sie am liebsten in der Gruppe zusammen sein wollen. Sollte man merken, dass man von seiner Gruppe nicht profitieren und nichts verändern kann, muss es möglich sein, sich einer anderen Gruppe anzuschliessen.
Die Schulleitung kann nicht in diesen Gruppen teilnehmen, aber sie kann Inspiration und Entwicklungsmöglichkeiten bei gleichgestellten anderen Schulen suchen. Lokal ist es die Aufgabe der Leitung, das Funktionieren der Gruppen zu stützen und einzugreifen, wenn eine Gruppe scheinbar destruktiv fungiert und nicht selber um Hilfe bittet.
Einmal im Jahr sollten sich alle Gruppen treffen, um eine gemeinsame Evaluation vorzunehmen. Bei dieser Gelegenheit können sich zudem neue Gruppen bilden, wenn Bedarf dafür vorhanden ist.

Kommentar

Ich bezweifle, ob die Volksschule nur den Begriff „Supervisionsgruppe“ aus anderen professionellen Zusammenhängen übernehmen kann. Die Erfahrungen hieraus können zweifellos inspirierend sein und etwas anstossen. Doch ich glaube, dass die Lehrpersonen ihre eigenen Formate, basierend auf ihren speziellen fachlichen Wirklichkeiten, entwickeln dürfen. Anstelle des Wortes Supervision möchte ich das der Intervision vorschlagen. Supervision beinhaltet die Gegenwart einer formellen, fachlichen Leitung, wohingegen Intervision präzisiert, dass sich die fachliche und persönliche Interaktion zwischen Gleichgestellten abspielt.
Es wäre zu umfassend, die vielen verschiedenen Prozesse und Rollen zu beschreiben, welche sich in solchen Gruppen in diesem Zusammenhang finden lassen. Die oft komplizierten und konfliktvollen Prozesse, welche diese Art von Gruppen schon immer geprägt haben, weisen auf ei-

nen zentralen Teil des fachlichen und persönlichen Entwicklungsprozesses der Teilnehmenden hin. Analog zu Unterrichtssituationen werden die Lehrpersonen natürlich geneigt sein, den Konfliktstoff als einen störenden Faktor zu betrachten. Sie werden sich deshalb auch nach Regeln umsehen, mit welchen sie „die Sache“ in Ordnung bringen können. Da das Ziel der Gruppen die Ausweitung der Schulkultur ist, müssen die Lehrpersonen die Chance ergreifen und sich ohne das Sicherheitsnetz begegnen, welches die existierende Kultur traditionellerweise in allen Situationen aufspannt.

Leitungs- und Zusammenarbeitstraining

Leitung und Zusammenarbeit sind als Teile der täglichen Funktionen aller Mitarbeitenden so zentral, dass sich diese Dimension bewusst und zielgerichtet entwickeln sollte, mit Anschauungsmaterial aus den internen Zusammenarbeits- und Leitungsprozessen am Arbeitsplatz. An einer Schule mit zwischen 40 und 60 Angestellten wird das bedeuten, dass sich diese mindestens ein Mal im Jahr zumindest für zwei Tage versammeln. Die Benennung der Zusammenkunft kann von Mal zu Mal wechseln, aber folgende Punkte sollten jedes Mal auf der Tagesordnung stehen:

- Wie entwickle ich mich zur Zeit am Abeitsplatz? In der Beziehung zu den Schülerinnen und Schülern? Eltern? Kolleginnen und Kollegen? Zur Leitung?

- Womit bin ich am unzufriedensten und wie und mit wem zusammen könnte ich dies ändern?

Nach dieser Einleitung werden alle einen Überblick darüber haben, wie es „uns“ geht. Das Programm darf so strukturiert sein, dass genug Zeit vorhanden ist, sich mit dem zu befassen, womit „wir“ uns nicht so wohl fühlen. Die Schulverwaltung ist ein Machtfaktor im Leben der Schule und kann deshalb nicht an diesen Trainingstagen teilnehmen. Dasselbe gilt für die Repräsentanten der politischen Ausschüsse. Wenn im Vorfeld Probleme bekannt sind, welche den einen oder beide dieser Partner betreffen, können diese eventuell eingeladen werden, an der abschliessenden Auflistung und Evaluation teilzunehmen. Wenn Probleme bei der Zusammenarbeit mit der Schulverwaltung bestehen, muss eine Möglichkeit geschaffen werden, diese zu bearbeiten, ohne dafür den Zeitbedarf, der für das Gedeihen und die Entwicklung der Angestellten eingeplant wurde, zu kürzen.

Kommentar

Die Erfahrung zeigt, dass keine der Fachgruppen oder Arbeitsstellen diese (oder andere) Formen des Trainings ohne Hilfe von aussen entwickeln kann. Wenn man es aus ökonomischen oder anderen Gründen auf eigene Faust versucht, werden die destruktiven Prozesse in der Institution unausweichlich dominieren.

Sogenannte Mitarbeiter- oder Entwicklungsgespräche können eine wertvolle Ergänzung zu einem bereits wohlfunktionierenden Leitungs- und Zusammenarbeitsprozess sein. Sie können den Bedarf eines Leitungs- und Zusammenarbeitstrainings nicht erfüllen, so wie sie auch Konflikte in der Organisation weder bearbeiten noch lösen können. Umgekehrt können sie aber oftmals ein bereits bestehendes schlechtes Klima verschlimmern.

Internes Training und Weiterbildung

Training und Weiterbildung zielen besonders auf die prozessualen Elemente im Lehrerjob ab und somit nicht auf die spezifisch fachliche oder pädagogische Entwicklung, welche die Schule bereits als wertvolle Tradition mitbringt.

Das kann zum Beispiel Training für das Halten von sinnvollen Elterntreffen, Klassenratsstunden, Elternberatungen, Elterngesprächen, kollegialen Gruppentreffen oder ähnlichem sein. Ich benutze bewusst das Wort „Training“, denn es beinhaltet, dass praktisch in der Gegenwart von Kollegen geübt wird. Es kann genügen, Vorträge oder perspektiveneröffnenden theoretischen Unterricht zu bekommen, aber nicht ganz zufällig schenken die Lehrpersonen dem Wert des Unterrichts zu grossen Glauben.

Kommentar

Es ist die Aufgabe der Leitung, die Möglichkeiten für Trainings offen zu halten und Initiativen, die aus grösseren oder kleineren Gruppen von Lehrpersonen stammen, zu erleichtern. Kontinuität und Gründlichkeit sollen eher priorisiert werden als Abwechslung. Abhängig von der Grösse der einzelnen Gemeinde und den Zusammenhängen im Schulwesen können sowohl Trainingsgruppen an der einzelnen Schule wie auch zwischen den Schulen gemischte Gruppen gebildet werden. Wichtig ist, dass die Trainings vom aktuellen Bedürfnis und Interesse ausgehen und sich nicht wie eine Institution in der Institution versteifen. Es muss genügend Platz dafür vorhanden sein, dass die einzelne Lehrperson selber entscheiden kann, ob zur Zeit eher ein Bedarf am Training neuer Fertigkeiten vorhanden ist. Oder eher daran, vorhandene Fähigkeiten zu konsolidieren, um „nur“ die tägliche Arbeit zu verrichten, Aquarelle zu malen oder seinen Garten und seine Familie zu pflegen.

Voraussetzungen

Wenn nur etwas davon glücken soll, wird dies einiges erfordern, das über die Lust und die Bereitschaft des Mitarbeiters, die Kultur an der einzelnen Schule zu erweitern, hinausgeht. Dies bedingt nämlich, dass die lokalen Schulbehörden, Ausschüsse und Schulverwaltungen den Mitarbeitenden praktische, moralische und ökonomische Rückendeckung bieten.

- dass sich die Lehrerhochschule Dänemarks darauf einstellt, Kurse mit relevanten Inhalten, und Dozenten und Berater mit der notwendigen praktischen Erfahrung anzubieten, und dass man sich darauf einstellt, in weit höherem Masse mit den Lehrpersonen an den Schulen zusammen zu arbeiten.

- dass die schulpsychologischen Berater einen Teil ihrer Rolle dahingehend öffnen, dass sie Probleme, die reell aufgrund destruktiver professioneller Prozesse in den Schulen stattfinden, nicht einfach aufsaugen und individualisieren, sondern sich stattdessen dazu qualifizieren, diese zusammen mit den Lehrpersonen und Schülerinnen und Schülern zu bearbeiten.

- dass der dänische Lehrerverein sein Interesse dafür bekundet, dass das reale Qualifikationsniveau und der Selbstrespekt des Lehrerstandes gefördert werden, und sich auch dazu verpflichtet, kreative Entwicklungen nicht zu blockieren, indem Millimeterkompensation für jeglichen Fortschritt eingefordert wird. Dies wird u.a. eine Nuancierung des Begriffes „Arbeitswillkür" erfordern. Im Anschluss daran könnte sich der Verein überlegen, auf eigene Faust in die Entwicklung zu investieren.

- dass die Gemeinden und Schulleiterverbände bedeutend zielgerichteter auf die Weiterbildung von Schulleitungen eingehen.

Es ist kein Ziel an sich, die Schulen in professionelle Arbeitsplätze zu verwandeln. Es ist eine Art und Weise, die bereits formulierten Ziele erreichen zu können. Der professionelle Arbeitsplatz ist auch kein Paradies. Aber er ist dazu im Stande, Konflikten und Problemen mit der Sorgfalt und der Qualität, welcher wir nur in Ausnahmen und nahezu immer aufgrund ihrer Kultur, zu begegnen.

Das Menschenbild, mit dem die Schulen ihren Schülerinnen und Schülern und Mitarbeitenden begegnen, ist ein Anachronismus, welcher mehr Probleme schafft als löst. In der guten alten Zeit waren es nur die Schülerinnen und Schüler, welche blaue Flecken an Körper und Seele bekamen. Nun sind diese gleichmässiger verteilt. Krisenhilfe für die misshandelte Lehrperson ist eine dürftige Antwort auf ein absurdes Symptom. Selbst der Krankheitsprozess ist ernst genug, und er kann nur von innen heraus mit der Anwendung der menschlichen Qualitäten und der Kreativität und der Seriosität, die bereits vorhanden ist, geheilt werden. Aber Entwicklung bedarf auch Abwicklung!

Anhang: Schulaufsicht an der Volksschule in Dänemark

Auf der kommunalen Ebene:

Jede einzelne Schule verfügt über einen „skolebestyrelse“ (Schulvorstand). Dieser setzt sich wie folgt zusammen:

5-7	Elternvertreter
2	Schülervertreter
2	Angestellte der Schule (Lehrpersonen, Therapeuten etc.), die nur über ein Stimmrecht verfügen, wenn dieses durch die kommunale Verwaltung genehmigt wurde.
1	Schulleitung ohne Stimmrecht in der Funktion als Sekretär

Der Schulvorstand setzt im Rahmen des vom Kommunalrat festgelegten Rahmen, Prinzipien über die Unterrichtsorganisation, Wahlfächer, Schülerbeurteilung, Arbeitsverteilung zwischen Lehrern und vieles mehr fest. Er heisst das Budget für die Schule gut, die Unterrichtsmittel, Projekte etc. ebenfalls gut. Ausserdem arbeitet er einen Lehrplan aus, welcher dem Kommunalrat zur Genehmigung vorgelegt wird. Der Aufsichtsauftrag hat einen eher übergeordneten Charakter als eine konkrete Kontrollfunktion.

Dennoch soll die Aufsicht an den Schulvorstandssitzungen auf der Basis eines offenen Dialoges geführt werden.

Auf der kommunalen Ebene:

Der „kommunalbestyrelse“ („Kommunalrat“, das vom Volk gewählte Organ zur Leitung und Verwaltung der Gemeinde). Er verfügt über eine ungerade Anzahl von Mitgliedern. Er hat die übergeordnete Verantwortung für das kommunale Schulwesen und sorgt dafür, dass alle unterrichtspflichtigen Kinder der Kommune in die Volksschule eingeschrieben werden oder einen Unterricht erhalten, der diesen Richtlinien entspricht (Friskoler [Freie Schulen], Homeschooling etc.). Der Kommunalrat legt die Ziele und Rahmen des Schulbetriebs fest. Der Kommunalrat führt Aufsicht über den Schulbetrieb.

Auf nationaler Ebene:

Der Unterrichtsminister oder die Unterrichtsministerin setzt die Unterrichtsziele und obligatorischen Themen der Fächer und zentralen Wissens- und Fertigkeitsgebiete sowie einheitliche Themen für die schriftlichen Abschlussprüfungen fest.
Damit soll der Standard und die Vergleichbarkeit der Schulen gewahrt werden. Er oder sie kann auch Anweisungen für Lehrpläne und Inhaltsbeschreibungen, sowie Beispiele für die Unterrichtsdifferenzierungen oder Anleitungsmaterial für den fächerübergreifenden Unterricht erlassen. Diese haben Empfehlungscharakter und sind für die Kommunen als Schulträger nicht bindend.
Der Einfluss des dänischen Parlamentes, dem folketing, auf das Schulwesen ist sehr begrenzt. Er besteht weitestgehend darin, dass es durch den Erlass vom Schulgesetz, die Ziele und den Rahmen für die Volksschule festschreibt. Das „lov om folkeskolen“ (Volksschulgesetz) legt darin bestimmte Regeln für die Leitung der Volksschule und eine

Mindestkompetenz des Schulvorstandes (skolebestyrelsen) fest. Festgelegt werden auch die Unterrichtszeiten, Klassengrössen, Ausbildungsanforderungen an Lehrpersonen, welche Fächer in den jeweiligen Klassenstufen unterrichtet werden müssen. Die Anzahl der Stunden, die in einzelnen Fächern unterrichtet werden, gehören in den Gestaltungsspielraum der einzelnen Schule.

Für weitere Informationen zum dänischen Schulsystem siehe: www.uvm.dk

Le paradis n'existe pas

Ein Gespräch mit Jesper Juul über soziale Kompetenzen, existentielle Entscheidungen und zukünftige Entwicklungen.

Wollen Kinder mehr Zeit mit den Erwachsenen zu verbringen?

Es ist schwierig zu beurteilen, was Kinder eigentlich wollen, wenn sie wählen könnten. Ich glaube, man kann diese Frage nicht allgemein beantworten. Kinder, die über drei oder vier Jahre alt sind, halten sich ja nicht immer in der Nähe von Erwachsenen auf; die Kinder sind irgendwo und spielen ...

... aber die Erwachsenen verbringen mehr Zeit mit den Kindern als früher und setzen sie gleichzeitig mehr unter Druck. Die Erwachsenen haben das Gefühl, sie müssten mit diesen Kindern etwas unternehmen.

Das trifft zu. Hinzukommt, dass die Erwachsenen immer auf einer Kinderebene mit Kindern zusammen sind. Das heisst, eigentlich imitieren die Erwachsenen die Erzieher, und die Frage ist, ob das sehr gesund ist. Wo sollen die Kinder lernen, wie man erwachsen ist, wenn die Eltern auch immer spielen und mitspielen sowie eine Unterhaltung suchen – und meinen, es sei besser für die Kinder, dass diese mit den Erwachsenen zusammen sind. Da gibt es viele Missverständnisse, wenn Eltern zum Beispiel sagen: „Wir kaufen lieber ein Take-away-Essen, dann verlieren wir nicht zwei Stunden mit Kochen.“, weil sie denken, dass es nicht kinderfreundlich ist, für die Familie zu kochen.

Aber ich habe auch das Gegenteil erlebt. Dänische Erzieherinnen haben geschimpft, weil Eltern ihre Kinder während der Schulferien im Kindergarten lassen. Eine Radiosendung hat das aufgenommen und gebeten anzurufen, wenn es Eltern gibt, die dies mit gutem Gewissen tun. Da hat ein Vater angerufen und gesagt: „Hör mal, ich habe meiner Frau und meiner grossen Tochter versprochen, dass ich in den Herbstferien male und das Zimmer renoviere und alle möglichen Dinge tue, und ich glaube, es ist einfach besser für unseren 3-jährigen Sohn, im Kindergarten zu sein als mit mir zuhause." Diese Überlegung ist falsch. Aber der Vater war nicht faul; er glaubt wirklich, dass Pädagogen besser als Eltern sind.

Und trotzdem finden Eltern generell, dass es besser ist, wenn sie mehr Zeit mit den Kindern verbringen.

Ich glaube man sollte vorsichtig sein, weil es heute viele Eltern gibt, die Erzieherinnen und Pädagogen als Vorbilder haben, weil sie selber in Krippe, Kindergarten, Schule und so weiter waren. Diese Eltern versuchen sich zuhause auch als Pädagogen, und das ist ungesund, weil Kinder maximal 5 Stunden Pädagogik pro Tag vertragen. Wir stellen fest, dass es zu viele externe Anregungen gibt und dann verlieren die Kinder den Zugang zu sich selber. Die Kinder dürfen sich beispielsweise nicht langweilen und vier, fünf Jahre später hören wir die Klagen der Schulen: Die Kinder können nicht ruhig sitzen, die können sich nicht konzentrieren, und so weiter und so fort. Wenn wir vermehrt Forschung über unsere Tageseinrichtungen machen würden, könnten wir herausfinden, was ich glaube: dass nämlich viele von den Problemen mit dieser pädagogischen Stimulierung zu tun haben. Die Tageseinrichtungen kamen vor 20, 30, 40 Jahren auf und wurden sehr erfolgreich. Aber leisten sie auch einen konstruktiven Beitrag, und zwar nicht nur im Leben von Kindern und Eltern, sondern auch für die Gesellschaft? Da bin ich mir nicht so sicher. Diesbezüglich könnte die Forschung viel erhellen, weil ja unter anderem behauptet wird, dass die Kinder dort soziale Fähigkeiten lernen. Das ist nicht unsere Beobachtung. Wenn wir Schulen fragen, stellen diese fest, dass den Kindern seit 1990 wichtige soziale Kompetenzen fehlen. Und dafür kritisiert man oft die Eltern, aber ich glaube, das man das umadressieren muss. Man geht davon aus, dass es daher kommt, dass die Eltern zu viel arbeiten, und sie ihr Kind nicht erziehen. Aber das war früher nicht wahr, und das ist heute überhaupt nicht wahr. Es gibt eine ganze Reihe von Phänomenen, die gefundenes Fressen für die Forscher sein sollten. Es gibt viele und sehr interessante Fragen, auf die wir haben keine Antworten haben Die einzigen Antworten, die wir haben, sind meist politisch.

Und darauf stürzt sich dann auch die Politik.

Ja, aber ich meine, diese Fragen sollte die Forschung interessieren, vor allem so lange es noch eine grosse Gruppe von Kindern gibt, die nicht den ganzen Tag in pädagogischen Einrichtungen verbringen. Diese Periode haben wir ja in Skandinavien komplett verpasst, weil wir heute keine Gruppe von 10'000 Kindern finden können, die nicht in Tageseinrichtungen beschäftigt sind.

Die Eltern sagen ja, wenn ich mein Kind in die Krippe schicke, dann lernt es dort soziale Kompetenzen. Es kommt nach Hause und kann besser mit anderen Kindern umgehen, es hilft mehr, und und und. Ist das nicht merkwürdig?

Ja, ich glaube, dass es da von Anfang an ein intellektuelles Missverständnis besteht. Früher gab es in den Dörfern und Städten nicht so viele Kinder zuhause. Wo finde ich andere Kinder, die mit meiner 3-jährigen Tochter spielen können? Und so wurden Spielräume, Spielgruppen und Halbtageseinrichtungen erfunden, in die man die Kinder hinschickte, damit sie dort spielen können. Dass es ein soziales Bedürfnis von Kindern ist, mit anderen Kindern spielen zu können, ist unbestritten, aber ich bin mir nicht sicher, ob das auch soziale Kompetenzen schafft.

Mit sozialen Kompetenzen sind psycho-soziale Kompetenzen gemeint, also Beziehungskompetenz, authentisch zu sein, sich selber zu kennen ...

... aber die meisten Pädagogen verstehen unter sozialer Kompetenz, dass die Kinder wissen müssen, wie man sich anständig benimmt. Und dann gibt diejenigen, die sagen, dass die Kinder viel zu individualistisch sind und es nicht schaffen, in Gruppen zu arbeiten. Was heisst eigentlich soziale Kompetenz? Es ist einfach nur ein Begriff, weil es niemand wirklich festgestellt hat. Als wir „Vom Gehorsam zur Verantwortung“ geschrieben haben, fragten wir mehere Hundert Lehrer: Was bedeutet soziale Kompetenz? Viele haben nicht darüber nachgedacht und nur gesagt, dass die Kinder sich sich anständig benehmen sollen. Manche haben spezifischer geantwortet und haben über die Schwierigkeit in Gruppen zu arbeiten oder mit anderen zusammen zu spielen, ohne die Kontrolle übernehmen zu wollen, gesprochen.
Natürlich ist es wichtig, was mit unseren Kindern passiert und passiert ist, aber es kommt sehr darauf an, wie die Erwachsenen reagieren. Die Kinder geben heute ganz anders Resonanz auf die altmodische Führung als früher.
Das sind komplexe Fragen, und ich glaube nicht, dass sich der öffentliche Raum für komplexe Diskussionen eignet. Es gibt die Tendenz, dass alles einfach werden muss. In

den letzten 20 Jahren habe ich kaum einen Journalisten getroffen, der nicht gesagt hat: Schön, jetzt haben wir zwei Stunden miteinander geredet, können sie das bitte noch in vier Punkten sagen?" Und dann muss ich sagen, nein, das kann ich nicht.

Zeit ist also nicht wirklich das Problem.

Nein, aber es gibt auch Kinder, die froh sein können, dass ihre Eltern nicht mehr Zeit für sie haben als sie haben. Ich wurde oft eingeladen, über die postmoderne Idee der Work-Life-Balance zu reden. Aber das schaffe ich nicht und wenn ich trotzdem etwas dazu sage, will es niemand hören, obwohl die Frage ja eigentlich sehr einfach ist. Wir sind zwei Eltern, wir haben zwei Kinder, wir arbeiten 40, 45 Stunden pro Woche, dann kommen 10, 15 Stunden für Transport, etc. dazu. Wir haben also kaum Zeit für unsere Kinder und wir haben überhaupt keine Zeit für uns. Wie kann man das lösen? Man kann jedoch nicht erwarten, dass unsere Gesellschaft das löst, weil die genau das will, und die Ministerien reden ja auch nicht miteinander, jedenfalls nicht darüber. Um es etwas einfach zu sagen: Unser Wirtschaftsministerium will genau, dass die Leute so viel oder sogar noch mehr arbeiten. Und das Gesundheitsministerium will das überhaupt nicht. Die können sich also auch nicht einigen. Aber was man politisch machen kann, ist zum Beispiel, dass man es für Väter möglich macht, Elternzeit zu nehmen, und dafür sorgt, dass sie in dieser Periode eine anständige Zahlung bekommen.
Es gehört unter das Thema der existentiellen Entscheidungen. Ich muss mich als Eltern entscheiden: Will ich so viel arbeiten? Will ich eine Familie und Kinder haben? Und wenn die Antwort ja ist, dann müssen alle mit diesem Zu-

stand leben. Und wenn man nicht mit diesem Zustand leben will, dann muss man etwas damit machen. Das heisst, dann müssen wir wahrscheinlich die Wohnung oder das Haus wechseln, wir müssen wahrscheinlich das Auto verkaufen und so weiter. Wollen wir das? Ich kenne sehr, sehr wenige Menschen, die das wollen. Ich meine, dass dieses Work-Life-Balance-Thema eine akademische Frage ist, bei der es letztlich um das schlechte Gewissen der Eltern geht. Ich sage nicht, dass es sinnlos ist, aber ich sehe keinen Willen. Wenn man beispielsweise dänischen Müttern sagen würde, jetzt kannst Du drei Jahre zuhause bleiben, dann würden die sagen, ne, ne, ne, das geht nicht.

Die wissen nicht, was sie drei Jahre lang mit dem Kind machen sollen.

Genau, das ist es. Damals war es anders, weil man sagen konnte, dass ich das machen will, was mein Vater macht. Man konnte in die Werkstatt des Vaters gehen oder ein altes Moped haben, das man reparieren konnte. Man konnte mit seiner Zeit alles Mögliche machen. Jetzt erlebe ich oft, dass die Vorstellung herrscht, dass die Kinder die Erwachsenen unterhalten müssen. Das ist eine Sackgasse. Ich begleite viele Frauen bei diesem Generationenwechsel und ich glaube, dass sich diese Vorstellung in den nächsten 20, 30 Jahren stark verändern wird. Die Selbstidentität wird stärker werden. So entwickeln heute auch viele Väter eine Vateridentität und finden, dass es nicht genug ist, dass sie Zeit für ihr Kind haben, aber dass sie auch Zeit für sich selber haben wollen. Ich brauche eine Stunde, um zu joggen, ich muss eine Stunde haben, um meine E-Mails zu erledigen. Wir können jedoch beobachten, dass ein solcher Lebensstil nicht sehr gesund ist. Aber werden sehen, wie sich diese Vorstellungen und Lebensweisen weiter

entwickeln werden, auch wenn eines sicher ist: Wir können nicht so weiter machen, so wie wir es jetzt machen. Gleichzeitig bin ich glaube zu alt, um mir eine Alternative vorstellen zu können.
Einer meiner alten Freunde war Amerikaner und er hat einen interessanten Satz gesagt: It is like trees counting stones. Damit wird die Vorstellung kritisiert, dass man alles messen können muss. Das betrifft auch die Kinder, die alle ähnlich sein müssen. Alles wird standardisiert und muss passen – und deswegen ist es interessant, weil diese Vorstellung genau zur Industriegesellschaft passt. Das war das ganze Produktionsgeheimnis, alles wird funktionalisiert, getimt, und und und. Und jetzt wird dieser Standardisierungsgedanke auch auf Familien angewandt und ich glaube, dass das nicht sehr gesund ist. Aber wenn beide Eltern arbeiten und um 18h nach Hause kommen, dann fühlen sich die Kinder natürlich unwohl, wenn sie von der Oma übergeben werden, weil sie sowohl von der Oma als auch von den Eltern alle Zeit und Energie brauchen. Und was machen die Kinder damit? Sie bekommen das Gefühl, dass sie zu viel oder nicht gut genug sind. Für mich ist die Frage, wie wir es schaffen, den Kindern eine abwechslungsreiche Kindheit zu bieten und wo sie lernen können, wie man einfach erwachsen ist. Wo habe ich das gelernt? Ich weiss es nicht genau, aber ich habe das zuhause gelernt, zum Beispiel mit meinem Vater, der oft gekocht hat und da war ich oft mit ihm in der Küche. Wenn es dem Vater in der Küche gut geht und der Mutter beim Lesen ebenso, dann bin ich frei. Dann kann ich machen, was ich für vernünftig oder lustig oder interessant halte.

Wenn wir nicht sehen können, wie es weiter gehen soll, dann braucht es Kreativität. Dann ist zum Beispiel weniger mehr. Aber vielleicht geht es auch mehr darum die eigene Quelle zu erfragen, um dort etwas zu entdecken.

Aber wenn wir in unserer Beobachtungsgesellschaft ständig durch Kameras, Eltern und andere von aussen betrachtet, gefilmt und bewertet werden, dann verhindert das auch zu einem gewissen Grad den Zugang zur eigenen Quelle.

Ja, und dieser Zugang erfordert erstens Wissen über mich selber und zweitens braucht es für die Eltern Mut, dies möglich zu machen. Es fängt ja sehr einfach an, wenn ein Kind sagt: Es ist mir laaaaangweilig! Das haben Kinder immer gesagt. Und die traditionelle Lehrer- oder Elternantwort ist: Ja, mach doch das oder mach es doch so oder etwas anderes und warum machst du nicht das? Es kommt ein ganzer Katalog. Und seit Hunderten von Jahren sagen die Kinder einfach nein, nein, nein, nein dazu. Meine Eltern haben gemeint, dass sich intelligente Menschen nie langweilen. (lacht) Die Botschaft ist also: Es ist wird langweilig? Also bist du dumm. – Die Schwierigkeit ist, dass die Erwachsenen heutzutage auch rastlos sind, und ebenfalls diese äusseren Stimuli fordern, um funktionieren zu können. Aber ich habe eine Lösung sowohl für Kinder als auch auch für Erwachsene gefunden. Ich glaube die richtige Antwort für ein Kind ist, wenn es sagt, dass es ist mir langweilig ist, ist folgende: Oh, wirklich! Herzlichen Glückwunsch. Es wird interessant sein, zu sehen, was Du in zwanzig Minuten machst. – Es dauert nie mehr als 10, 15 Minuten und dann kommt man zu Kreativität, aber Tatsache ist, man den ganzen Tag im Kindergarten oder in der Schule malen, zeichnen, modellieren oder sonst was tun, ohne überhaupt kreativ zu sein. Gleichzeitig wird es immer schwieriger Situationen herzustellen, bei denen diese Kreativität, die von innen kommt, möglich wird. Aus meiner Lebensperspektive würde ich meinen, dass das Leben immer ärmer wird, aber ich weiss nicht,

ob das richtig ist. Vielleicht sagt man in 50 Jahren, dass das Leben heute viel besser war. Ich weiss es nicht, aber ich weiss, dass dieses Tempo gnadenlos ist. Man muss irgendwie mitmachen oder man muss komplett aussteigen. Und dann kommt dieser Bedarf nach Unterhaltung. Wir müssen immer stimuliert werden, wir müssen immer unsere Langweile, unsere Einsamkeit vergessen, weil das zu unangenehm ist. Und das ist schade.
Als Kind war ich viele Jahre jeden Tag nach der Schule im Wald. Oft alleine, manchmal mit einem Freund oder zwei. Meine Freunde wussten immer, wo ich war. Ich war im Wald. Und ich habe alles Mögliche gemacht und es war mir nie langweilig. Ich habe mich nie einsam gefühlt. Und das überrascht auch heute viele, denn was die meisten Leute heute über mich beobachten ist, dass ich sehr viel arbeite. Und das ist ja auch richtig. Aber ich kann stundenlang sitzen und nichts machen. Nein, ich kann wochenlang in die Luft gucken und so sitzen (lacht) und es ist wunderbar für mich. Ich hätte das nicht überlebt die ganzen Jahre über Jahre, wenn ich das nicht gehabt hätte. Ähnlich geht es mir mit dem Tempo. Ich muss das Tempo wechseln können, weil es sonst nicht geht. Jetzt habe ich ein bestimmtes, hohes Arbeitstempo 4,5 Tage lang gehabt. Jetzt bin ich unterwegs. Und dann kommt automatisch der Traktorgang, der sehr langsam ist. Und wenn es so langsam geht, bin ich auch halb bewusstlos, da ich diesen Stress mit Zügen und Flughäfen eigentlich gar nicht aushalten kann. Aber dieser Zustand hilft mir sehr, mich in dieser temporeichen Welt zu bewegen. – Aber wenn ich auf die Kinder gucke, dann ist es sehr, sehr,schwierig, wenn ihnen nur eine halbe Stunde zur Verfügung steht, wo gerade kein Erwachsener um das Kind herum ist, der nicht irgendetwas Schönes für oder mit dem Kind machen will. Von aussen sieht man auch, dass es die Kinder ei-

gentlich stört, aber gleichzeitig sind sie auch dankbar und wollen gerne mit den Erwachsenen spielen, aber die Kinder werden nicht Bescheid sagen.
In den letzten 10 Jahren gibt es immer mehr Erwachsene, die darüber reden, dass die Kinder überfordert sind, oder dass alles zu viel ist, und da erhoffe ich mir, dass irgendeine Reaktion kommt, und jeder Einzelne sagt: Jetzt mache ich nicht mehr mit! – Wir wollen ja auch keine neue Hippie-Ära. Es gibt ja immer Alternativen, aber trotzdem suchen wir im Moment die grosse Alternative der Mehrheit, weil das, was wir jetzt machen, scheinbar nicht sehr gut ist. Das gegenwärtige System ist auf verschiedenen Ebenen erfolgreich, es ist vor allem auf materieller Ebene erfolgreich. Man könnte auch frech sein, und sagen: Es ist sogar auf spiritueller Ebene erfolgreich, weil die unter Druck gesetzten Menschen das Andere suchen. Es ist kein Zufall, dass Dinge wie Joga in den letzten 10 Jahren so populär geworden sind, denn es ist ja eine Art von Meditation. Es gibt also immer diese Bewegungen und diese Suche nach einer idealen Gesellschaft oder einer idealen Kindheit und so weiter, aber das ist Zeitverlust, das gibt es nicht. Wir müssen mit der Wirklichkeit leben, die wir haben. Auf Französisch hört es sich sehr schön an: Le paradis n'existe pas. Und ich glaube, das ist richtig. Wir müssen uns darauf einstellen, dass Verschiedenes angeboten wird und Verschiedenes nicht angeboten wird. Und wenn man dann 35, 40 oder 50 ist, kann man auf sein Leben schauen und sagen: Ok, aber ich will was anderes. Und dann kann man was anderes machen, wenn man die Möglichkeit dazu hat. Da kann man sehr glücklich sein, wenn man Fachmensch und 63 ist, wie ich oder wie alt auch immer und man einfach wählen kann. Ich kann sagen: Jetzt kaufe ich ein Segelboot und verbringe die nächsten 4 Jahre in der Karibik. Das hätte man meinem Grossvater sagen sollen, dass es möglich ist, ausserhalb des Dorfes

etwas zu erreichen, das war unvorstellbar. Heute sehe ich, dass die Eltern kämpfen, den Anforderungen der Medien und der Gesellschaft zu genügen, ich sehe, dass die Kinder sehr, sehr hart arbeiten, um den Erwachsenen folgen zu können. Wie das später aussehen wird, das kann ich mir nicht vorstellen.

Ich erlebe viele Leute als verwirrt. Die wissen nicht, wie sie mit der Freiheit umgehen sollen. Die können sich nicht mehr orientieren und erzählen irgendeinen Quatsch, und glauben das auch noch, und damit machen sie doch die Kinder verrückt, denn Kinder sind ja nur klein, und nicht blöd. Dann haben wir nachher einen Haufen verwirrter Kinder.

Oh ja, das haben wir heute und vor 50 Jahren hatten wir einen Haufen unterdrückter Kinder.
Es gehört zu den menschlichen Bedürfnissen, dass wir unsere Grundsituation verbessern wollen. Und heute sehen wir vor allem, das die Menschen die Situation ihrer Kinder verbessern wollen. Es gibt irgendwie diese Sucht nach dem Paradies. Man merkt, dass vor der Überflussgesellschaft der grosse Mangel war. In Schweden habe ich ein paar Frauen getroffen, die versuchen eine Bewegung zu machen, bei der sich Mütter treffen können, die ihre Kinder nicht in die Kindereinrichtungen schicken wollen, also Hausfrau und Mütter sein möchten, bis die Kinder mit der Vorschule anfangen. Und diese Frauen werden im demokratischen, zivilisierten, intelligenten Schweden gemobbt, dass man es sich nicht vorstellen kann. Und das wirklich Interessante ist, dass es nicht Männer sind, die sagen: Wir brauchen euch auf dem Arbeitsmarkt! Sondern das sind andere Frauen, die sagen: Wir sind keine schlechten Mütter. Wir arbeiten jeden Tag, wir sind nicht schlechte Mütter.

Ich habe in den 90er Jahren interessante Versuche gemacht. Ich habe kroatische Lehrer nach Dänemark eingeladen, um sich die Schulen anzuschauen. Die haben während einer Woche in einer Gemeinde in 2,3 verschiedenen Schulen verbracht. Sie sind jeden Tag ins Hotel zurückgekommen und haben geheult, weil die sich nicht vorstellen konnten, dass es zwischen Erwachsenen und Kindern so schöne Beziehungen geben kann. Und ich war mit diesen Beziehungen überhaupt nicht zufrieden. – Und dann habe ich umgekehrt dänische Lehrer in kroastischen Schulen eingeladen. Die kamen auch weinend nach Hause, weil es so furchtbar war, dass sie es sich nicht vorstellen konnten. Es war wie die dänischen Schulen in den 1920er Jahren.
Da ich in meinem Leben zwischen diesen beiden Kulturen pendle, sehe ich interessante Dinge. Auf vielen Ebenen sind die Unterschiede nicht sehr gross, aber auf anderen gibt es 40, 50 Jahre Unterschied. In unserer Arbeit mit familylab, und mit unseren Werten und Prinzipien sehen wir, dass diese Werte und Prinzipien quer durch alles hindurchgehen, was wir Kultur nennen. Ich bekomme vom hamburgischen Redaktor der Harvard Business Revue die gleichen Rückmeldungen wie von kroatischen Winzern.

Es gibt die vier Grundwerte Authentizität, Verantwortung, Integrität und Gleichwürdigkeit und dann gibt es die Prinzipien als Wille, sich mit sich und mit anderen auseinanderzusetzen und die Bereitschaft, in Beziehungen zu lernen. Sind diese Prinzipien in uns drin?

Ich glaube, dass die in uns drin sind. Aber ich glaube auch, dass wir in Europa ein zweites Mittelalter erlebt haben, wenn ich Mittelalter als Dunkelheit und Geschlossenheit verstehe: Und das war die Industriegesellschaft. Diese war sehr anti-menschlich, und es gab kaum konstruktive Gedanken; es gab Gott sei Dank politische Gedanken, aber das war's. Natürlich haben sich Heidegger, Buber, Kierkegaard damit beschäftigt, aber was neu ist, ist wohl dies, was damals das Oberklasse-Denken war, und jetzt ist die Oberklasse die Hälfte von uns (lacht). Wir haben unheimlich viel Geld, im Vergleich zu vor 50 Jahren. Und das heisst, wir können es uns auch leisten, nachzudenken. Ich habe sehr viele Gruppen getroffen, und auf dem Weg dorthin habe ich jeweils gedacht, warum habe ich „ja" gesagt, da ich diese Menschen uninteressant fand. Und jedes Mal habe ich entdeckt, dass diese Menschen gar nicht uninteressant sind! Sie haben nur eine andere Oberfläche, einen anderen Stil und inbesondere einen anderen Lebensstil. Aber sie erleben genau dieselben Dilemmas, so wie ich und alle anderen. Und sie denken auch darüber nach, und manche hören auf, zu denken, weil sie nicht mehr wissen, wie man denken kann. Das ist auch bei Kindern so, wenn man Kinder begleitet. Die machen dies und das, die nehmen Probleme wahr, die wollen etwas, die machen Dinge gleichzeitig und so weiter. Und da ist es eine gute Idee zu fragen: ja und was denkst du darüber?

Früher hatten wir unterdrückte Kinder, heute verwirrte Kinder. Jetzt kommen durch die mediale Realität unterstützt immer mehr narzisstisch gestörte Kinder hinzu, die ein völliges falsches Selbstbild haben. Wie gehen wir mit diesen Kindern um, und wie lassen sich solche Kinder in Gruppen integrieren?

Kinder brauchen vor allem zwei Dinge. Ihre Eltern müssen sich Hilfe holen, um eine Alternative zu ihrem destruktiven Erziehungs- und Führungsverhalten zu finden. Und sie brauchen – sowohl von Eltern als auch von Lehrpersonen – authentische, persönliche und warme Rückmeldungen plus eine glaubwürdige Erklärung, warum die Erwachsenen plötzlich ihr Verhalten ändern. Kurz, sie brauchen

Möglichkeiten, um ihre Empathie zu entwickeln – was nur geschehen kann, wenn ihnen mit Empathie begegnet wird. Wenn dies zu wirken beginnt, kann man anfangen, die sozialen Regeln und Normen zu integrieren.

Wie und wann hast Du eigentlich gemerkt, was Du willst und was Du nicht willst? Wie findet man heraus, wofür man auf der Welt ist?

Ich glaube, nach dem ersten Treffen mit Walter Kempler, konnte sich mein verwirrter Geist entscheiden, aber ich habe nie gedacht, dass ich einmal Bücher schreiben werde.

Das Gespräch fand am 19. Juni 2011 in Zürich statt und wurde von Jean-Paul Munsch geführt.

Was ist familylab?
familylab wurde 2004 von Jesper Juul gegründet. Die international tätige Organisation (heute sind dies bereits 11 Länder) bietet einerseits Eltern und Familienberatung an, aber auch Weiterbildungen für Fachpersonen. Dies sind Lehrpersonen, Berufe aus dem therapeutischen, psychologischen Bereich und Kinderbetreuerinnen.

Unser Angebot umfasst Vorträge, Seminare, Elternkurse und Beratungen.
In diesem Angebot legen wir den Fokus auf die Beziehungskompetenz zwischen Eltern und Kind oder Fachperson und Kind. Denn die Beziehung entscheidet massgeblich über das Gelingen des Zusammenlebens. Wie etwas gesagt oder getan wird, ist oft wichtiger als was.
Durch Seminare, Workshops, Symposien, Webseiten, Bücher, Artikel und Filme für Eltern und Fachleute streben wir danach die psychosoziale Gesundheit und das Wohlbefinden der Eltern und Kinder von heute und morgen zu verbessern.

Wir möchten durch öffentliche Erziehung, Gespräche, Formulierung von Werten und das Verbreiten von relevanten wissenschaftlichen Erkenntnissen nicht nur die Art und Weise, wie Mann und Frau über Familien und das Bilden von Familien denken, sondern auch die Wertvorstellungen und das berufliche Verhalten von Lehrpersonen und anderen PädagogInnen so beeinflussen, dass optimale Voraussetzungen für ein gegenseitiges, soziales, emotionales, kreatives und akademisches Lernen geschaffen werden können.

Unsere Vision handelt von Familien, Institutionen und Gesellschaften, die mit deutlich weniger Gewalt, Missbrauch, Sucht und Vernachlässigung auskommen. Wir möchten

Familien, Organisationen, und Gesellschaften dazu inspirieren, sich und ihr Gegenüber ernst zu nehmen, liebevolle Beziehungen zu leben und von innen heraus mit Respekt zu handeln.

familylab.ch und Jesper Juul

Mehr Informationen im Internet
www.familylab.ch
www.familylab.at
www.familylab.de

cmaerki@familylab.ch
Tel: 0041 78 788 38 79

Adresse
Family Management GmbH
Lindenhofrain 6
8708 Männedorf

Vom Gehorsam zur Verantwortung

DVD, Spieldauer: 2,5 Stunden
Verlag: familylab.ch
Sprache: Deutsch
Art: 978-3952387306
Größe: 19 x 13,5 x 1,5 cm

Dein kompetentes Kind

DVD, Spieldauer: 3 Stunden
Verlag: familylab.ch
Sprache: Deutsch
Art: 978-3033029613
Größe: 19 x 13,5 x 1,5 cm

Kinder Familien Schulen unter Druck

DVD, Spieldauer: 7 h 39 min (466 Minuten) auf 2 DVDs
Verlag: Mathias Voelchert GmbH
Sprache: Deutsch
Art: 978-3935758291
Größe: 19 x 13,5 x 1,5 cm

Vom Gehorsam zur Verantwortung

Taschenbuch: 358 Seiten
Verlag: Beltz; 3. korrigierte und überarbeitete Auflage 2009
Sprache: Deutsch
ISBN-13: 978-3-407-22915-1
Größe: 20,4 x 13,4 x 2,8 cm

Dein kompetentes Kind

Taschenbuch: 288 Seiten
Verlag: Rowohlt Tb.; (komplett überarbeitete Auflage 01.08.2009)
Sprache: Deutsch
ISBN-13: 978-3499625336
Größe: 18,8 x 12,4 x 2,2 cm

Das Familienhaus

Gebundene Ausgabe: 224 Seiten
Verlag: Kösel-Verlag (April 2012)
Sprache: Deutsch
ISBN-13: 978-3466309207
Größe: 24,5 x 17,2 x 2,5 cm

Miteinander

Gebundene Ausgabe: 158 Seiten
Verlag: Beltz (März 2012)
Sprache: Deutsch
ISBN-13: 978-3407859426
Größe: 21,2 x 14 x 2 cm

Bonuseltern

Gebundene Ausgabe: 128 Seiten
Verlag: Kösel-Verlag; Auflage: 1, Deutsche Erstausgabe
Sprache: Deutsch
ISBN-13: 978-3-466309092
Größe: 21,5 x 13,5 x 1,5 cm

Aus Erziehung wird Beziehung

Taschenbuch: 158 Seiten
Verlag: Herder, Freiburg; Auflage: 4 (April 2005)
Sprache: Deutsch
ISBN-13: 978-3451055331
Größe: 19 x 11,4 x 1,2 cm

Was Familie trägt

Broschiert: 168 Seiten
Verlag: Beltz-Verlag; Auflage: 2 (Februar 2009)
Sprache: Deutsch
ISBN-13: 978-3407229052
Größe: 21,6 x 13,5 x 1 cm

Elterncoaching

Gebundene Ausgabe: 272 Seiten
Verlag: Beltz; Auflage: 1., Deutsche Erstausgabe
Sprache: Deutsch
ISBN-13: 978-3-407859204
Größe: 21,5 x 16,5 x 2,5 cm

Grenzen Nähe Respekt

Taschenbuch: 96 Seiten
Verlag: Rowohlt Tb.; Auflage: 2009
Sprache: Deutsch
ISBN-13: 978-3499625343
Größe: 21 x 15 x 0,6 cm

Pubertät

Gebundene Ausgabe: 208 Seiten
Verlag: Kösel; Mathias Voelchert (Herausgeber)
Sprache: Deutsch
ISBN-13: 978-3-466308712
Größe: 21,5 x 13,5 x 2,0 cm

Mann und Vater sein

Gebundene Ausgabe: 200 Seiten
Verlag: Kreuz Verlag; Auflage: 1., Deutsche Erstausgabe
Sprache: Deutsch
ISBN-13: 978-3-451610448
Größe: 20,5 x 12,5 cm

Nein aus Liebe

Gebundene Ausgabe: 128 Seiten
Verlag: Kösel (Februar 2008)
Sprache: Deutsch
ISBN-13: 978-3466307760

Die kompetente Familie

Broschiert: 174 Seiten
Verlag: Kösel; Auflage: 4 (Juli 2007)
Sprache: Deutsch
ISBN-13: 978-3466307524
Größe: 21,4 x 13,4 x 1,8 cm

Fünf Grundsteine für eine Familie

DVD Spieldauer 616 min auf 2 DVDs
Verlag: Mathias Voelchert GmbH familylab.de
Sprache: Deutsch
ISBN-13: 978-3-935758-161
Größe: 19 x 13,5 x 0,5 cm

Erziehen mit Herz und Hirn

DVD Spieldauer 1 h 07 min.
Verlag: Mathias Voelchert GmbH familylab.de
Sprache: Deutsch
ISBN-13: 978-3935758130
Größe: 19 x 13,5 x 1,5 cm

Gibt es unerreichbare Jugendliche

DVD Spieldauer 10 Stunden 20 Min auf 2 DVDs
Verlag: Mathias Voelchert GmbH familylab.de
Sprache: Deutsch
ISBN-13: 978-3-935758-18-5
Größe: 19 x 13,5 x 1,5 cm

Pubertät ist eine Tatsache keine Krankheit

DVD Spieldauer 7 h 39 min auf 2 DVDs
Verlag: Mathias Voelchert GmbH familylab.de
Sprache: Deutsch
ISBN-13: 978-3-935758-15-4
Größe: 19 x 13,5 x 1,5 cm

Trennung und dann

DVD Spieldauer 4 h 55 min.
Verlag: Mathias Voelchert GmbH familylab.de
Sprache: Deutsch
ISBN-13: 978-3935758192
Größe: 19 x 13,5 x 1,5 cm

Werte in Familie und Partnerschaft

DVD Spieldauer 1 h 23 min.
Verlag: Mathias Voelchert GmbH familylab.de
Sprache: Deutsch
ISBN-13: 978-3935758-178
Größe: 19 x 13,5 x 1,5 cm

Die 9. Intelligenz

DVD Spieldauer über 1 Stunde
Verlag: Filmkompagniet & Mathias Voelchert GmbH
Sprache: Dänisch mit deutschen und englischen Untertiteln
ISBN-13: 978-87-992991-2-6
Größe: 19 x 13,5 x 0,5 cm

EIN APFEL FÜR DEN LEHRER

Wertschätzung – die übersehene Dimension der Schule

Originalausgabe „Et æble til læreren" by Jesper Juul, Schönberg 1993,
übersetzt aus dem Dänischen von Jean Paul-Munsch und Irene Maurer-Willi

**Weitere Informationen zu Jesper Juul
und familylab unter:**
www.familylab.ch
www.familylab.com
www.jesperjuul.com
www.dfti.dk

Verlag: Family Managment GmbH
Lindenhofrain 6, 8708 Männedorf
Dieses Buch wurde auf FSC-Papier gedruckt.

Publikation in Vereinbarung mit Familylab International GmbH, Baar, Schweiz
Umschlagmotiv: istockphoto
Design: www.marketier.com
Textlayout: Hubertus J. Schwarz
Druck und Bindung: Druckerei Ennetsee, Hünenberg, Schweiz

ISBN: 978-3-9523873-1-3